HOT PURSUIT

From Germany's Industry 4.0 to China's Manufacturing 2025

弯道超车

从德国工业4.0
到中国制造2025

[德] 罗兰·贝格　王一鸣　郑新立　李稻葵　冯兴元等◎著

《东方早报·上海经济评论》编辑部◎编

上海人民出版社

目　录

工业 4.0：欧洲创新的助推器

［德］罗兰·贝格/罗兰贝格管理咨询公司创始人、荣誉主席

在美国和亚洲的技术、劳动力优势挤压下，欧洲的竞争力似乎正在减退。但如果应对得宜，工业 4.0 将成为欧洲重振创新的强力助推器。

工业 4.0 将从根本上改变生产过程

现代信息与通信技术的前进脚步是不可阻挡的，在制造业内也是同样。智能联网的制造系统正从根本上改变着生产的过程：工业 4.0 是继蒸汽机、规模生产和自动化之后的第四次伟大的工业革命。弗劳恩霍夫劳动经济与组织研究院（The Fraunhofer Institute for Labor Economics and Organization）预测认为，截至 2020 年，互联应用设备将达 500 亿台。机器能够用数字化方法实时地互相交流，并与用户交流。工厂的生产流程变得可视化，可在虚拟空间内直观地进行控制操作。现代信息与通信技术将会主导未来的商业模式。

工业 4.0 是个巨大的机遇。欧洲急需一个强有力的创新引擎来应对全球竞争压力，而强大的高科技产业恰可胜任。毕竟目前的欧洲除了 SAP 之外，几乎再也没有值得一提的信息与通信技术公司。从像 Google 和 Facebook 这样的互联网公司，到像苹果和三星这样的个人电脑和智能手机制造商，从像微软和甲骨文这样

1

的软件公司,到像 AT&T 和中国移动这样的网络运营商,来自美
国和亚洲(尤其是中国、日本、韩国)的公司几乎占领了整个行业。
全球前百强高科技公司中,只有八家总部位于欧洲。微软收购诺
基亚更是为欧洲大陆移动电话制造业的辉煌画上了句点。

　　信息与通信技术只是工业 4.0 的一方面,其在工业领域的应
用和带来的价值提升是另一方面。这一点,欧洲有得天独厚的条
件。欧洲的工业仍占据着经济中心地位。欧盟经济大约 15% 来
自于工业,在德国比例更高,是 24%。而在美国这个比例仅为
12%(见图 1)。以这样显著的优势(在一些工业化信息产业上也
如此),欧洲可以吸引新兴信息与通信公司,并以自身传统制造技
术为切入点,成为工业 4.0 时代的创新引领者。

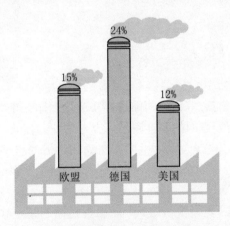

图 1　经济来源于工业的比例

　　这个机遇欧洲必须抓住。工业的联网和数字化必将改变世界
的力量平衡。第三次工业革命就是这样。当电子元件和计算机被
工业所应用,并进一步提升了自动化程度之后,劳动力要素(产量
和成本)的关键地位荡然无存。其结果就是,尽管一些产业工人大
量失业,另一些产业却创造出了大量新的就业岗位。像德国这样
的国家作为整个全球竞争格局中的工业集中地则大大受益。第四

次工业革命的波及面将会更广泛,更多产业会发生方向性变化,也会变得更复杂。工业 4.0 就是要有创造性地将大数据、车间定制化软件和制造技术的"硬件"结合起来。

今天,每一个生产车间都已经在持续地产生数据。若能加以有效利用,这些数据会成为可观的竞争力优势。例如,基于大数据设计生产一种诊断工具,对机器进行精密监控,以便在其出现损伤或需要服务时提前预警。这将减少机器的维修时间,使得更精确的生产安排变为可能,由此降低单位成本。再举个例子。如果用心收集和分析流程数据,就能发现生产流程中电力消耗最大的环节,并进一步加以管控。这样的应用给企业带来的成本削减最高可达 80%(见图 2)。由此可见,工业 4.0 带来的是全新的高度互联的生产图景。在这个图景中,订单能够进行贯穿整条价值链的自我管理,从预约生产机器和原材料到安排运送产品给客户。

监控、预警　　调试管控机器

成本削减
80%

图 2　工业 4.0 下的生产图景

欧洲的准备

在这样的未来市场,欧洲若想获得一个好的开端,就必须从现在开始打基础,在基础建设、教育研发、创业支持三个方面更加积极地做准备。

首先是基础建设方面。互联网连接缓慢是个地区性的劣势,与道路或电力分布稀疏一样。瑞士境内 91% 的互联网连接使用的是高速宽带技术。韩国有 94%。与之形成鲜明对比的是,德国、法国和意大利的高速宽带覆盖率仅分别为 75%、69% 和 57%。要提高欧洲基建的现代化水平,包括传统基建和互联网在内,所需的总投入至少为 1 万亿欧元。这些钱可以吸引到全球正在寻找投资机会的高达 170 万亿欧元的私人资本。要做到这一点，欧洲需要形成一个真正的泛欧洲基建市场。目前的欧洲基建市场极其碎片化，尤其是与美国相比。（欧洲现有 55 个移动通信网络公司，而美国只有 5 个！）一个单一化的国内市场有助于推进整合、削减成本并有效地吸引投资。

其次是教育和研发方面。在诸如劳动力成本等方面，欧洲与世界其他地区相比竞争力很低，尤其是与亚洲相比。因此，欧洲必须进一步巩固自己在知识密集型产业中的领先地位。目前，欧洲的研发投入仍只占 GDP 的 1.9%，比美国要低 1 个百分点，比日本则低 1.6 个。这个预算比例在私营经济和公有经济部门都必须得到提高，而且应得到税收政策的支持。

此外，还应有大量数学、信息技术、自然科学与技术的大学毕业生。欧洲仅有 17% 的大学及以上的学生学习这些专业，韩国则有 29%，而中国有 31%。信息与通信技术产业在这些国家的崛起吸引了大量年轻人投身其中，而在欧洲，技术通常被认为是枯燥无味的，甚至很危险。这种固有印象必须改变。

欧洲还需要更多的创业公司带来新鲜的想法和商业模式。

简单统计一下创新型公司的成立时间，在美国，22% 这类公司成立于 1965 年以后，56% 成立于 1925 年以前，在欧洲，只有 2% 成立于 1975 年以后，86% 成立于 1925 年以前。创业公司得以存在的金融支持需要加强，比如为风险资本提供一些税收便利。在美国，每年约有 200 亿美元的投资活跃在市场上。而在欧洲，这个数字仅为 40 亿。这样看来，硅谷能够不断地吸引创造力旺盛的创业家并不奇怪，而同时，欧洲对于企业家来说却越来越没有吸引力。说到硅谷，欧洲需要更多能使创业公司和成熟公司互动合作，共同建立欧洲价值链的产业集群。在这一点上，美国也有很多值得欧洲借鉴的东西。另外，企业和成功创业的公众形象必须花大力气建立起来。在欧洲，对于失败的恐惧普遍存在，正是因此，越来越少的欧洲人愿意冒险创业。可创业公司正是创新的重要来源之一！欧洲需要将那些敢于冒险、超越失败成功创业的企业家树立为榜样。

　　以上三点需要长期努力。政、经、学、商界人士以及各方投资者们必须通力合作。唯有如此，欧洲才能充分利用工业 4.0 带来的创新动力，继续走在世界前端。

　　　　2014 年 9 月 16 日《东方早报·上海经济评论》

克里斯托夫·梅内尔：工业4.0是生产制造领域的数字化革命

张　茹/《东方早报·上海经济评论》记者

克里斯托夫·梅内尔(Christoph Meinel)，德国国家科学工程院院士、德国波茨坦大学哈索－普拉特纳（Hasso-Plattner Institute，简称 HPI)研究院院长，德国 IPv6 委员会主席。

克里斯托夫·梅内尔，最近很忙。因为除了德国国家科学工程院院士这一头衔外，他现在也被中国的媒体称为德国工业4.0的首倡者。不过，梅内尔的研究领域主要是大数据，当然，在他看来，工业4.0本身就是一场工业制造领域的数字化革命。

尽管梅内尔很忙，但是他还是在平安夜前夕接受了《东方早报·上海经济评论》的电话采访。在40分钟的采访中，梅内尔多处强调了大数据时代必须重视隐私保护，并且也提出了对中国大数据发展的三个建议。

大数据时代如何保护隐私

上海经济评论：2014年，德国队在世界杯夺冠，大家都说帮助德国获胜的"秘密武器"之一就是大数据。请问，在德国，关于大数据有哪些讨论？

梅内尔：在德国，关于大数据的讨论主要集中在两个方面。第一个方面是关于大数据有哪些潜力可以被挖掘,通过大数据分析,我们可以洞察到哪些新的价值。这是人们乐意看到的。但是另一方面,人们也担心大数据会让人失去个人隐私。你在哪里,在做什么,这些可以成为大数据信息并加以分析利用。所以人们担心因为这些信息的暴露而泄漏隐私,这是人们不乐意看到的。

上海经济评论:那么德国是如何在发展大数据的同时,保护个人隐私的呢?

梅内尔:一方面,大数据有很多好处,它有很大的潜力可以挖掘,可以给人类提供许多新的服务和应用。比如在医疗领域,可以通过大数据预测传染病趋势,预防传染病的蔓延。人们也可以通过大数据来分析某种药物是否有疗效。当然,任何科技都会有弊端,德国也在与其他欧洲国家商议一项关于数据安全和数据保护的新规,规定我们可以用数据做什么,不能做什么。这项新规规定,未经个人允许,任何人或者机构不能随意使用他人信息。个人信息如果要用于科学和商业研究也必须是在匿名的情况下进行。

举个例子,在我们HPI学院(Hasso Plattner Institute)有一个开放的平台,在这个平台上有开放的在线课程,学生也可以在这个平台上做家庭作业、参加考试或者进行自我测试。作为这项服务的提供者,我们可以监测学生们在做什么,哪些人通过了考试,哪些人没有通过。但我们不能把这些信息透露给任何人。打个比方,我们只能说考试合格率是30%,但我们不能指名道姓说同学的作业做错了或者考试没有通过。数据使用的界限就在这里,数据的分析必须是在匿名的形式下进行。

上海经济评论:出于严谨的民族特征,德国在推动信息化建设的过程中,也是特别重视数据保护和信息安全的。德国是如何在立法方面保障信息安全的?

梅内尔:大约在30年前德国就开始制定关于信息安全的法律法规,比如规定公司不能售卖他人信息。

现在的问题是,当初在制定这些规定的时候,人们还没有意识到大数据的巨大潜力,人们不知道通过大量搜集各种数据并加以计算和处理可以给人们带来如此大的帮助。所以，现在要做的是对这项法规进行修改。德国公司和美国公司有所不同。因为德国不允许公司搜集个人数据用于商业用途，它们只能搜集数据提供服务。

但是，如果你看 Google、Facebook 这些公司，它们搜集很多数据，不仅用于提供服务，也通过这些数据设计新的产品用于商业用途。关于德国这样的欧洲国家做法和美国做法，目前有很多这方面的讨论和争议。

上海经济评论：德国是如何推动大数据发展的？

梅内尔：大数据的搜集和计算是在互联网的大背景下进行的。为了推动大数据的发展，政府致力于让每一个人都能使用互联网服务，比如加快建设宽带综合业务数字网络。让人人都能接入互联网这一目标已经在许多大城市实现了，但在一些小村庄还比较难实现。其次，政府给予了大数据领域的研究项目、学术机构和企业间的合作项目一定的资金支持。

上海经济评论：在德国，大数据技术的成本情况如何？

梅内尔：这取决于进行大数据处理的机构或企业是否有设备。大数据分析需要大量的计算机资源，所以在许多研究中心，我们有这些资源用于研究。比如，在 HPI 学院，我们有一个实验室叫做"Future Soc Lab"。Soc（service-oriented computing）意思是面向服务的计算。在这里，研究人员可以随意使用这里的设备和机器。

如果公司要进行大数据研究和计算，大致有两种方式。一种方式是，该公司购买设备，建立自己的计算机中心。另一个方式是成本较低的云计算，因为云计算可以提供大量便宜的计算资源。

大数据处理对于大公司来说没有问题，它们通常都有自己的计算机中心，它们也有专业人员进行精密的数据研究。但是对于中小企业来说，要进行大数据分析会比较困难。他们没有海量的计算资源，也缺乏专业的人才。当然，云计算可以在一定程度上解决硬件方面的问题，但是，最大的问题是找到合适的计算机方面的专家。

大数据和工业4.0紧密相连

上海经济评论:德国正在大力倡导工业4.0。工业4.0的实施重点在于信息互联技术与传统制造的结合。作为工业4.0的专家,您认为大数据将如何促进工业4.0的发展?

梅内尔:大数据与工业4.0的发展有着密切的联系。工业4.0是生产制造领域的数字化大革命。

大数据涉及生活的方方面面,自然也包括生产制造领域。在这个领域,大数据分析有着很重要的作用。比如,我们会看到未来许多新的机器可以收集数据、处理数据,提供很多有价值的信息。比如一辆车上有很多感应器,所有感应器在任何时间搜集各种信息,比如这辆车的行驶速度、目的地、此刻的具体位置等等。现在人们正在研究,是否可以通过分析这些数据来改善交通,改善能源使用情况,比如降低能源价格。

大数据分析在这些方面很有帮助,如果你研究一辆车,那么它只是一个个例,如果你搜集1 000辆车的数据,并进行对比和处理,然后你可以发现它们之间的相互联系,并根据这些结果想出一些办法,做一些改进。所以大数据和工业4.0是紧密相连的。

上海经济评论:未来,谁将会成为大数据的真正受益者?企业、政府还是民众?

梅内尔:我认为企业、政府和普通民众都会是大数据的受益者。对于普通老百姓来说,他们会因此得到非常新的、人性化的服务,比如说在医疗健康等领域。对企业来说,他们可以通过大数据发现新的商机,提供新的服务,从而获得更多的收益。政府通过大数据分析来改善社会的发展情况,让市民更好地享受社会资源和自然资源。

在德国,甚至全世界,已经达成这样一种共识,我们需要通过改进教育来更好地推动大数据的发展。我们需要更多的专业的数字化人才，我们需要更好的计算机科学家，因此我们必须优化教育大纲，例如在计算机科学或者其他学科，这些学科涉及如何处理大数据。现在，在德国兴起了一种新的技术人才，除了计算机科学家，还有数据科学家。而且我认为，大数据不仅仅只和专业人士相关，而是和整个社会都有关。所有人都需要知道更多数字世界正在发生的事情，比如它如何运作，如何改变人们的生活。

上海经济评论：新技术发展会推动传统产业的转型和升级，您认为大数据会如何改变信息技术产业？比如，未来有没有这样一种模式，有一些大型企业专门为中小企业提供大数据分析服务？

梅内尔：我认为会产生一个新的行业，这个行业中的企业主要业务就是处理大数据，他们为公众、传统企业、政府提供数据分析服务。而且他们都愿意为这项服务支付费用。

对中国大数据发展的三个建议

上海经济评论：对于中国发展大数据，你有什么建议？

梅内尔：我给中国的建议和给德国的建议是一样的。

第一，在数字时代，改进教育是最重要的。从儿童到大学生，必须通过教育让他们更好地理解数字化时代，比如数字化时代发生了什么？背后的技术是什么？潜力是什么？风险是什么？

第二，科学与工业的结合很重要。对大公司很重要，对小公司更重要。我知道中国政府支持了很多研究项目。

第三，在发展大数据时候，不要忘了个体利益，一定不要让他们失去安全感，要保护他们的隐私。没有人喜欢生活在这样一个世界：我们所有正在做的事、知道的事，我们的需求，被所有人知道。像德国是非常重视个人信息安全的。

上海经济评论：中国很多移动互联网公司都很看好大数据市场，比如小米的雷军就说对云服务很在意，他说，到后年年底，小米一年的数据存储费用是 30 亿元人民币，如果不能把这些数据转化出价值，就会破产。您认为这些数据所带来的价值能超越它的成本吗？

梅内尔：我认为中国的企业能够从大数据中获益。谷歌就是很好的例子，谷歌的一些服务收益很高。我想说的是，公司可以提供服务，但必须首先知道人们想买什么？别的公司想买什么？政府想买什么？他们需要针对这些需求，开发特殊类型的数据分析，这样这些分析的结果才会对社会有更大的价值。

2014 年 12 月 30 日《东方早报·上海经济评论》

发展工业 4.0 要立足国情，切忌盲目跟风

左世全／赛迪智库装备工业研究所所长

工业 4.0 概念提出以来，受到中国业界的广泛关注，这是好事，表明中国业内对新一轮科技革命和产业变革的关注，但需要清醒地认识中国工业发展所处的阶段，切忌盲目跟风，动辄提借助工业 4.0 实现工业赶超，到头来恐怕落得"麻雀跟着夜猫子飞——打食的打食，熬夜的熬夜"的窘境。

客观理性看待工业 4.0

德国在工业尤其是在制造业领域也面临"双重挤压"：一方面美国凭借信息通信技术优势正在推进以工业互联网为核心的"再工业化"；另一方面，中国等发展中国家在中低端甚至部分高端领域开始抢夺德国市场。

所谓工业 4.0，是德国政府于 2013 年 4 月在汉诺威工业博览会正式推出的工业发展战略，要想认识这一战略，需要首先认识以下两个大的背景。

一是国际金融危机爆发后，欧美等发达国家重新认识到实体经济尤其是制造业的重要性，纷纷推行"再工业化"战略，积极抢占先进制造业制高点。德国虽然在这一轮金融危机中依托其强大的装备制造业保持了"一枝独秀"，但由于出口相对萎缩，经济发展也渐现疲态。德国提出工业 4.0 战略正是为了应对这一局面提出

的。在德国专家看来，德国在工业尤其是在制造业领域也面临"双重挤压"：一方面美国凭借信息通信技术优势正在推进以工业互联网为核心的"再工业化"；另一方面，中国等发展中国家在中低端甚至部分高端领域开始抢夺德国市场，正如德国联邦工业协会（BDI）主席乌尔里希·格里洛指出的，"欧洲企业占全球通信和信息技术市场份额不到 10%，德国错失了成为该领域世界领头羊的机会。"

另一个大的背景是，近年来以信息网络技术与制造业深度融合为核心的新工业革命正在加速孕育，谁抢占了新工业革命的制高点谁就掌控了未来。正如德国联邦教研部与联邦经济技术部于 2013 年发布的报告指出的，德国实施工业 4.0 战略，有"一箭双雕"之效：一是在德国制造业中推行信息物理系统（CPS）以提高生产效率；二是在全球范围内牢牢占据信息物理系统市场，确保德国装备制造业在全球范围内的竞争优势。

德国推行工业 4.0 的核心或者叫愿景在于，将物联网和服务网应用到制造业以引领所谓的"第四次工业革命"，即企业将建立全球网络，把它们的机器、存储系统和生产设施融入信息物理系统，从根本上改善包括制造、工程、材料使用、供应链和生命周期管理的工业过程。

这一提法，其实并不新鲜。早在 2011 年，美国智能制造领导联盟在发表的《实施 21 世纪智能制造》报告中，就提出通过信息技术与供应商、经销商、顾客和业务系统相互联系在一起打造智能工厂。2012 年，美国 GE 公司在发布《工业互联网：突破智慧和机器的界限白皮书》中，就提出了信息物理系统的概念，认为将先进设备与 IT 融合，将产生第三次工业革命——工业互联网。

近期，笔者受邀参加了德国西门子公司、SAP 软件公司以及美国通用公司主办的各种研讨会和讨论会，各会无不围绕这些相似的概念，这些公司已经或正在加紧游说中国相关部委或者央企，笔者分析认为，表面看来是宣传一种新的工业发展模式或趋势，而实质目的是抢占我国高端工业软件及系统市场。

立足基本国情科学认识中国工业发展阶段

理论体系是整个数字化智能化网络化的基础,也是全面发展数字化智能化网络化的前提。目前国内对数字化智能化网络化的发展侧重技术追踪和技术引进,而基础研究能力相对不足,对引进技术的消化吸收力度不够,原始创新匮乏。

尽管对中国工业化所处阶段仍然存在争议,但正如国务院发展研究中心指出的,总体上看,中国的工业化处于中期阶段,但已出现向后期阶段过渡的明显特征。

根据德国工业 4.0 战略的划分方法,人类社会已经历了三次工业革命。第一次工业革命始于 18 世纪末机械设备的引进,以蒸汽机为动力的纺织机彻底改变了产品的生产方式。第二次工业革命始于 19 世纪末 20 世纪初,在劳动分工的基础上,采用电力驱动实现了大规模生产。第三次工业革命始于 20 世纪 70 年代初,通过引入电子信息技术(IT),使制造过程不断实现自动化,机器不仅取代了相当比例的"体力劳动",而且还替代了一些"脑力劳动"。对照这一划分方法,中国总体上尚未完成第二次工业革命,即处在工业 2.0 时代,所以国家才针对性地提出"四化同步"的发展战略。再进一步,即使是少数优势行业也还处在从 2.0 向 3.0 跨越的发展阶段,不妨称为"2.5 时代",所以中国切不可以离开工业发展的具体国情,从总体上盲目追求工业 4.0 时代。

如何才能更好地认识中国工业发展所处的历史阶段,核心是要立足于中国的基本国情,除了总体上还处于工业化中期向后期过渡的阶段外,首先要深刻认识到中国工业发展的多层次性:客观地说经过 30 多年的改革开放,中国东部沿海的一些省市的工业发展水平已经总体上达到了工业 2.5 时代,甚至少数省市已经接近工业 3.0 时代,但为数尚多的中西部地区甚至还没有达到工业 2.0 的发展水平。其次要认识到,中国每年还有庞大的劳动力需要安排就业，一步跨越到 4.0 时代，实现所谓的"智能工厂"，就业怎么安排？

此外，还要客观认识中国工业尤其是制造业与信息网络技术结合即制造业数字化网络化智能化的发展基础以及存在的核心问题。

从发展基础看，一是中国制造业信息化水平不断提高。20 世纪 80 年代，中国制造业企业开始逐步应用 CAD 软件；90 年代初，科技部启动了"甩图板"工程和 CIMS 工程；2002 年，科技部又启动了支撑计划"制造业信息化重大专项"。"制造业信息化"概念被社会广泛引用，以 CAD、CAM、CAE、CAPP、PDM、ERP 为代表的软件，以精益制造、柔性制造、敏捷制造、制造执行（MES）系统为代表的数字化智能化生产模式，在制造企业开始得到推广应用。2011 年 4 月，工业和信息化部等部委联合印发《关于加快推进信息化与工业化深度融合的若干意见》，大力推进信息化与工业化深度融合。目前，中国工业主要行业大中型企业数字化设计工具普及率超过 60%，重点行业关键工序数（自）控化率超过 50%。航空工业中，数控机床、CAD/CAM 技术已经从早期的航空零件机械加工应用，拓展到了钣金、复合材料、装配等关键制造工艺过程，铸造、锻造、热处理及表面处理工艺也开始进入自动控制、数字量数据传递时代，航空产品全数字化设计制造模式已经形成，数控车间已经成为各航空企业的核心能力建设重点，数控设备已经成为航空企业近年来技术改造配备的主流装备；石化行业中，在供应链管理、生产管控、设计与工程运营广泛采用数字技术、信息技术、网络技术，数字化和智能化处于较高水平；输变电行业中，在产品研发和工程项目设计中广泛使用 CAD、CAPP、PDM 软件及系统，高压开关设备制造领域中，数字化生产设备、数字化生产执行过程控制、数字化在线测量技术得到应用，电力电子设备制造领域中，数字化在线测量应用较为广泛，输配电制造领域中，数字化生产线应用较为广泛。

当然，中国制造业信息化的发展是不平衡的，航空、航天、钢铁、石化、机床、汽车、集成电路领域的大中型企业,在数字化设计、自动化及智能化装备(生产线)、生产加工的数字控制、企业信息管理方面都具有较好的基础和水平,而大部分中小型企业在设计环节 CAD 技术应用具有一定基础,而在自动化及智能化装备(生产线)、生产加工的数字控制、企业信息管理方面基础较为薄弱。

二是智能制造装备研发取得重大进展。进入 21 世纪,随着信息技术向其他领域加速渗透并向深度应用发展,中国政府加快推进数字技术、信息技术、网络技术在制造业的应用。2008 年 12 月,国务院常务会议审议并原则通过《高档数控机床与基础制造装备科技重大专项实施方案》,包括重点开发八类主机产品、四类数控系统与功能部件、四类关键部件。2011 年、2012 年、2013 年连续三年国家发展改革委、财政部、工业和信息化部组织了《智能制造装备发展专项》的实施。该专项三年来已安排智能制造装备(生产线)建设项目 16 项、机器人产业化项目 11 项、大型数字化智能化生产系统建设项目 7 项、数字化智能化车间(工厂)建设项目 36 项、智能部件与装置研发及产业化项目 4 项、控制系统及应用软件开发项目 12 项。以上政策措施为推动中国制造业的数字化智能化网络化发展起到了重要作用。

就存在的问题而言,与工业发达国家相比,以及与制造业快速发展的需求相比,矛盾和问题依然存在。

一是基础理论和技术体系建设滞后。理论体系是整个数字化智能化网络化的基础,也是全面发展数字化智能化网络化的前提。目前国内对数字化智能化网络化的发展侧重技术追踪和技术引进,而基础研究能力相对不足,对引进技术的消化吸收力度不够,原始创新匮乏。控制系统、系统软件等关键技术环节薄弱,技术体系不够完整。先进技术重点前沿领域发展滞后,在先进材料、增材制造等方面差距还在不断扩大。

二是关键数字化智能化网络化技术及核心基础部件主要依赖进口。构成智能制造装备或实现制造过程智能化的重要基础技术和关键零部件主要依赖进口,如新型传感器等感知和在线分析技术、工业机器人及关键部件技术、典型控制系统与工业网络技术、高性能液压件与气动元件、高速精密轴承、大功率变频技术等。许多重要装备和制造过程尚未掌握系统设计与核心制造技术，如精密工作母机设计制造基础技术（设计过程智能化技术）、百万吨乙烯等大型石化的设计技术和工艺包等均未实现国产化。

三是重硬件轻软件的现象突出。数字化智能化网络化技术是以信息技术、自动化技术与先进制造技术全面结合为基础的。而中国制造业的"两化"融合程度相对较低，低端 CAD 软件和企业管理软件得到很好普及，但应用于各类复杂产品设计和企业管理的智能化高端软件产品缺失，在计算机辅助设计、资源计划软件、电子商务等关键技术领域与发达国家差距依然较大。

四是中国高端数控机床、工业机器人等智能制造装备重点领域急需的专业人才和统筹装备制造经济管理的管理人才。对海外高层次人才和国外智力的引进工作力度不够，高端人才引进政策不够灵活。企业、科研院所、高校、职业院校和其他培训机构的平台作用发挥不够充分，还没有形成良好的创新人才培养模式，对充分掌握机械、自动化、信息计划等复合人才的培养投入不足。尚未建立起企校联合培养人才的长效机制。

中国的工业 4.0 发展道路

要顺应新一轮科技革命和产业变革趋势，立足各地发展实际，制订各自的工业 4.0 发展路线图，东部部分发达省市可以率先探索。

在科学认识中国工业所处的阶段后，我们容易得出这样的基本结论：中国还是要坚持走中国特色新型工业化道路，加快推动信息化和工业化深度融合。

这不是说我们要置身于新一轮科技革命与产业变革之外，而是要立足中国的基本国情和工业发展实际，探索新形势下工业发展的道路。除了工业发展基础不同，中国确立的信息化与工业化两化深度融合战略与工业 4.0 的理念是一致的，所以可称之为中国特色的工业 4.0 发展道路。

面对新形势，新一届领导集体提出了"打造中国经济升级版"的总体战略，工业作为实体经济的主战场，其支柱地位进一步加强，加快工业转型升级已成为打造中国经济升级版的重要组成部分。

在此背景下，一方面中国应制订工业发展总体战略，即工业发展路线图，在"十二五"工业转型升级规划基础上，制定并实施国家层面的"中国制造 2025 发展规划纲要"，打造以制造业数字化、智能化为核心特征的工业升级版。另一方面，要顺应新一轮科技革命和产业变革趋势，立足各地发展实际，制订各自的工业 4.0 发展路线图，东部部分发达省市可以率先探索。

德国提出的工业 4.0，实质仍然是将信息网络技术与制造业在产品、生产过程层面进行深度融合。

中国提出将信息化与工业化深度融合作为工业转型升级的重要抓手，并推出了《信息化和工业化深度融合专项行动计划（2013—2018 年）》，但对照德国工业 4.0，中国在信息基础设施、数据资源、标准化体系、制造系统管理等平台建设方面投入力度尚需加大，尤其是国家相关部委、不同类型企业间的协同推进亟需加强，以支持更广泛的研究开发和创新应用。

中国在高端装备领域仍大量依靠进口，高端装备业已成为制约中国工业转型升级的重要瓶颈。

近年来，中国将高端装备制造业纳入七大战略型新兴产业加以扶持，并专门设立了大飞机重大科技专项、智能制造装备专项，在信息技术与装备制造业结合方面具备了较好的基础。中国应抢抓新工业革命的战略机遇，借鉴德国工业 4.0 战略，加强信息技术在高端装备中的应用，积极搭建平台，推动高等院校、科研机构、装备制造生产企业与用户的协同创新，率先实现高端装备的数字化、智能化，以支撑中国工业经济升级版的打造。强化关键核心技术攻关和能力建设，加快信息安全产业发展，健全网络与信息安全保障体系，提高两化融合形势下网络信息安全管理能力和水平，为两化深度融合发展提供安全保障，解决制造企业的后顾之忧。

同时，加强与欧美发达国家和地区的联系与交流，借鉴其经验和做法推动中国工业的转型升级。实施更加积极主动的开放战略，鼓励和支持与互联网密切结合的跨国公司、国际学术机构在华设立研发机构，搭建联合研究平台，同时支持、鼓励国内企业和科研机构积极利用互联网平台与国外开展技术交流合作，到海外建立研发机构或生产基地，搭建全球创新网络。

2014 年 9 月 16 日《东方早报·上海经济评论》

工业 4.0 与 CPS 战略、路径下的上海准备

芮明杰/复旦大学教授

互联网与信息技术的高速发展正迅速影响着整个世界。人们发现，生活中的几乎每一个领域都受到互联网的影响，呈现新的业态与发展形势。尤其是在消费领域，网络消费模式重新定义了人们的购买方式，也推进了消费理念与偏好的升级。个性化消费需求的倾向正越来越明显。如今，大规模大批量标准化生产模式正越来越难以满足消费者的个性化需要，于是新工业革命的到来顺理成章。

制造模式变革：工业 4.0 与 CPS 的核心战略

工业 4.0 是 2011 年德国提出的新概念。在经过两年的发酵后已经在德国本土、欧洲其他地区、美国乃至全球引发了热烈的讨论。工业 4.0 与 CPS 的核心战略究竟是什么？

1. 互联网技术与制造设备融合战略

2011 年，在汉诺威工业博览会开幕式致辞中，德国人工智能研究中心负责人和执行总裁沃尔夫冈·瓦尔斯特（Wolfgang Wahlster）教授首次提出"工业 4.0"这一词。2013 年，德国成立了"工业 4.0 工作组"，并于同年 4 月在汉诺威工业博览会上发布了最终报告《保障德国制造业的未来：关于实施工业 4.0 战略的建议》。这份报告认为工业 4.0 的核心就是下一代工业革命——信息物联网

和服务互联网与制造业的融合创新。报告指出,工业 4.0 会将智能技术和网络投入到工业应用中,从而进一步巩固德国作为生产地、制造设备供应国和 IT 业务解决方案供应国的领先地位。

美国于 2005 年末 2006 年初曾对信息物联网和服务互联网与制造业的融合做出综合性的概括,称之为虚拟网络——实体物理系统(Cyber-Phsyical System,CPS)。美国与德国面对制造业未来虽然提出的概念不同,但工业 4.0 与 CPS 本质上是异曲同工的。

2. 战略核心:制造智能化

工业 4.0 与 CPS 想实现的是通过物联网、信息通信技术与大数据分析,把不同设备通过数据交互连接到一起,让工厂内部,甚至工厂之间都能成为一个整体,在自动化之上,形成制造的智能化。这一智能化又包含两大主题:智能工厂与智能生产。

智能工厂主要关注智能化生产系统及过程,以及网络分布式生产设施的实现。未来,各个工厂将具备统一的机械、电器和通信标准。以物联网和服务互联网为基础,配备有感测器、无线和 RFID 通信技术的智能制造设备可以对生产过程进行智能化监控。由此,智能工厂能够自行运转,且工厂间零件与机器可以相互交流。结合大数据技术,智能工厂还能对生产与修理作出可能的提示。这使得工厂设备脱离固有生产线的束缚,可以不断做出智能的调整,从而使得一次性生产的产品也可以通过颇具收益的方式制造出来,打破了标准化生产的成本优势。

智能生产是在智能工厂的基础上进一步加入了人的要素,同时强调生产过程本身,主要涉及整个企业的生产物流管理、人机互动、3D 打印以及增材制造等技术在工业生产过程中的应用等。目前大部分制造系统都采用集中式控制方案,在中央控制机器上独立地进行处理,工人主要负责监控维修控制机器。未来的智能生产是以人为中心的,基于信息物理系统,为智能辅助系统创造更优秀的人机互动模式。

3. 制造模式变革:产品、设备与管理设想

工业 4.0 与 CPS 希望通过智能工厂与智能生产的建设,最终

实现的是制造模式的变革。每一个产品将承载其整个供应链和生命周期中所需的各种信息。设备将由整个生产价值链所继承,可实现自组织。管理能够根据当前的状况,灵活决定生产过程。具体可以用 6C 来进一步说明,6C 为连接(Connection,传感器和网络)、云(Cloud,任何时间及需求的数据)、虚拟网络(Cyber,模式与记忆)、内容(Content,相关性和含义)、社群(Community,分享和交际)、定制化(Customization,个性化服务与价值)。6C 条件下的产品本身,将成为信息的载体。产品能够自动记录其生产过程的一切。同时,它还能够辅助操作步骤与监测周围环境。比如一款产品出厂情况会根据温度与湿度的变化发生变化,产品还会自动提示监事人员自己还需要增加什么样的额外调整措施。

6C 条件下的工厂可以实现全产业链的智能生产,实现生产的自我调整。2013 年,蔡司(Zeiss)集团在欧洲机床上展出的 PiWeb 系统正是这一理念的现实反映。该系统能把分布在不同地区、不同产业链环节的工厂机器测量数据汇总。未来,这些汇总信息能够自动通过系统分析出调整结果,重新返回各个工厂实现实时智能化调整。

6C 条件下的管理可以实现透明化生产、预测性制造。目前的制造中,存在许多无法定量的因素,包括加工过程中的性能下降、零件的偶发失效、废品的返工、整体设备的效率下降等。通过透明化,也就是一种阐述并量化那些不确定因素,以使生产组织者能客观地估计自身制造和装备状态的能力,通过管理实现预测性制造,做到维修成本的降低,运行效率的提高,产品质量的改进。

工业 4.0 与 CPS 的实现路径

美国与德国各自不同的优势所在,使得两者推进新一轮工业革命的实现路径有所不同,各有侧重(见表 1)。

表 1 德国与美国的新工业革命实现路径对比

	德 国	美 国
提出原因	产品只有功能没有服务价值	制造业优化透明不可见因素
国家优势	制造业设备先进	软件与信息系统优势
发展主题	智能工厂	智能生产
具体操作	由国家主导,合作发展实验性智能工厂及设备	鼓励开发智能监控软件,研究相应大数据理论与数据应用
范　例	Smart Factory 模型	Watchdog AgentTM 软件

1. 德国:国家战略下合作探索工业 4.0 智能工厂

德国提出工业 4.0 这一概念本身带有国家的反思。德国称得上是一个高端制造的大国,制造业作为其经济增长的动力,使其在欧债危机中长期保持坚挺。但他们的制造业始终以产品为主。他们一直在反思,为什么自己的产品只有生产功能的价值,而没有服务的价值。为此通过互联、数字、智能化的融合、智能工厂的建设,可能是未来的方向。基于自身较强的制造设备工业,在国家战略下合作建设互联的智能工厂系统可能是重要的路径,使得德国成为第四次工业革命的先行者。

德特勒夫·齐尔克(Detlef Zuehlk)教授所在的德国人工智能研究中心创新工厂系统部协同 10 家德国企业,建立了世界上首个反映工业 4.0 愿景的工厂模型。借助这个被称为 Smart Factory 的项目,10 个合作伙伴各自建立了一个系统模块,或者提供相关跨应用的技术。这个工厂模型展示了不同领域的创新性企业相互合作,共同工作,使概念转化成商品,把愿景实现为现实的过程。这一模型示范了 6C 下的组织生产的一种实现。

在 2014 年,主题为"融合的工业——下一步"的汉诺威工业博览会上,各家德国企业还展示了自己的工业 4.0 构想生产线。西门子在其生产线上展示,车体与机器人一边"对话"一边进行组装。博世力士乐和萨博分别展示了一条能在同一条生产线上生产两种产品和六种断路器的概念灵活装配线。萨博展示了一台可以生产

16 种不同产品，并对它们进行区分的设备装置。

2. 美国：依托硅谷模式抢占软件技术优势，发展先进生产方式

美国是最早提出信息物联系统的国家，美国认为制造过程的下一步优化，是透明化那些不可见的因素，从而使生产能在完全的信息下进行，也就是透明化生产和预测性制造。在 CPS 系统研究的初级阶段，制造业并未脱离原有的制造模式，而是在生产信息系统层面进行相应的改革。

随着 CPS 系统概念的不断发展与进化，美国对透明化生产的认识逐步上升到工业大数据层面。工业大数据指的是由一个产品制造流程或者一个工业体系带出的数据。工业大数据使得产品带来更高的价值，每一个出产的产品最后都能回馈信息至生产者手中，从而反过来影响之后的生产者决策与行为，也能提前为生产者应对突发情况做出提示，使得生产过程中不再存在不确定的信息。工业大数据的信息系统对制造设备的要求越来越高，逐步成为新一代智能制造装备或工厂。

工业大数据及其配套的信息系统与硅谷模式相结合，使得美国可以在智能制造信息系统类生产方式构件上取得领先。美国目前已经构建出一套创新性的预测工具，能将数据系统所收集的内容加工成解释不确定性的信息，使管理人员做出更多"知情"的决定，实现部分的透明化生产。这一套工具中包含了整合平台、预测分析工具和可视化工具。例如软件 Watchdog AgentTM 中，算法被分为四个部分：信号处理和特征提取、健康评估、性能预测和故障预测。利用雷达图、故障图、风险图和健康退化曲线，有效地传达工厂设备的信息，从而做到智能化的生产。

工业 4.0 与 CPS 的战略本质

1. 大规模定制化生产方式正逐步实现

工业 4.0 与 CPS 及其代表的新一代智能生产方式可能就是

大规模定制化的生产方式的初级阶段。因为消费者个性化需求如果实现，一方面需要供应商能够生产提供符合消费者个性偏好的产品或服务，一方面需要社会提供消费者有个性化消费的空间与过程。由于消费者众多，每个人的需求不同导致需求的具体信息也不同，加上需求的不断变化，就构成了供应商的大数据。对这些数据进行处理，进而传递给智能设备，进行运算、设备调整、材料准备与自动加工等步骤，才能生产出符合个性化需求的产品。

工业 4.0 与 CPS 所体现的进步技术包括物联网、信息技术、大数据处理技术，与个性化产品制造所需的技术十分相似，相对来说缺少了在消费者层面采集数据的环节。但通过工厂层面的设备革新，产业链协作，大数据处理，产品能够具有服务价值，从而使得智能制造设备根据处理后的信息，进行判断、分析、自我调整、自动驱动生产加工、品质保持，直至最后的产出步骤。可以说，智能工厂已经为最终的制造业大规模定制生产做好了准备。

2. 消费性大数据与生产性大数据处理的结合

在工业 4.0 或 CPS 的工厂中，消费者需求与行为产生的大数据除了反馈至生产设备，进行产品生产的调整外，还将对生产本身进行进一步的监控。而生产所产生的数据同样经过快速处理、传递，反馈至生产过程及其涉及的产业链的链条中，从而使得生产过程高品质地进行。

例如在过去，在设备运行的过程中，自然磨损本身会使产品的品质发生一定的变化。随着个性化生产的推进，产品生产所涉及的自然环境因素、突发因素、设备条件等变量会进一步增多，这种磨损对整个生产带来的影响会被放大。通过信息处理技术及互联技术，生产过程中的这些因素才能被精确控制，从而真正实现生产的智能化。一定程度上，这一工业大数据的处理技术直接决定了工业 4.0 与 CPS 所要求的智能化设备的智能水平。

3. 新一代智能制造工厂的未来

消费需求的个性化要求传统制造业突破现有的生产方式与制造模式，根据消费需求海量数据与信息，进行大数据处理与传递；

而在进行这些非标准化产品生产过程中产生的生产信息与数据也是大量的，需要及时收集、处理和传递。这两方面大数据信息流最终通过互联网在智能制造设备交汇，由智能制造设备进行分析、判断、决策、调整、控制开展智能制造过程，确保生产出高品质个性化产品。这就决定了互联网、信息技术与制造母机融合后，最终形成新一代互联的智能制造工厂（系统）以替代今天的生产体系。

工业 4.0 与 CPS 瞄准的都是这个方向。为了应对这个变革的趋势，我国应该更加注重制造业高端标准与技术的确立，寻找智能制造设备与信息技术融合性的突破，大数据建立与分析应用的突破，做到互联网应用技术的升级，培养信息技术与制造技术复合人才。

上海准备：建立面向未来新型产业体系的战略思路

所谓"工业 4.0"与 CPS 虽然概念不同但实质都是针对消费者个性化消费需求的新一代智能制造生产方式，这一新的生产方式代表了未来工业或者制造业发展的未来。德国与美国已经就此工业新技术变化、新生产模式开始了积极的准备，而且各自利用自己原来在工业装备、信息技术、互联网、物联网方面的强大基础与实力，希望在新一代制造业信息、数字、智能三个方面融合谋求全球领先，成为未来制造业的领导者，进而控制全球制造业发展。为此，我们必须对工业 4.0 和 CPS 有更清醒的认识，我们要有自己的战略与对策，开始我们的行动，即上海准备。

1. 上海准备的现实意义：抓住历史重大机遇

工业 4.0 或 CPS 可能是互联网技术与物联网技术在生产制造方面的新发展与新应用。至今为止所有的互联网公司或它们的商业模式，基本上都是在信息收集处理与交换、商品或服务发现与交易、娱乐游戏平台，或者是人际沟通与社会交流等方面的发展，这些已经给人类社会带来巨大的便利与成本节约，虽然互联网提供的信息商品交易等也影响消费和生产,但还不是直接与生产制造过程连接,对现行生产制造方式没有根本性的改变的要求,我们现在的生产制造仍然是大规模大批量标准化生产。前文的分析已经证明德国、美国倡导的工业 4.0 或 CPS 是基于互联物联的智能生产系统,是互联网与物联网技术的融合形成了一种新的生产方式,即智能大规模个性化定制生产方式。这样一种生产方式是全新的、划时代的。德国与美国看到了这个大趋势,开始积极谋篇布局,希望未来继续保持在制造业的世界领先地位。

工业 4.0 或 CPS 描绘了未来智能互联物联生产制造系统的可能,这对中国特别是上海来说既是机遇也是挑战,因为,如果我们能够抓住机遇通过创新研究不断跟上它们的研究甚至还能够有领先部分,那么就是我国工业制造水平与制造技术的实质性赶超;反之,如果我们应对不佳,那么我们与发达国家在先进制造业方面的差距就会进一步拉大。例如,上海的互联网经济与产业发展同北京、深圳有较大的差距,加上上海现行的产业体系及其结构等诸多问题,应该说制约了上海经济的进一步健康发展,也制约了上海向全球城市过渡与转型。

在全球新一轮产业与技术变革即将到来的今天,工业 4.0 的变革浪潮中,上海应当有所准备,应该考虑新技术、新模式、新产业、新业态以求产业结构的转型和升级,建立与城市发展相匹配的产业体系,以求在新一代互联网物联网产业与技术、在智能互联物联生产制造系统研发应用方面占得先机。

2. 上海准备的关键因素:深化体制机制改革

上海在提升城市创新能力,加快创新驱动发展过程中,十分重视高技术工业产业的培育和发展,并积极营造高新技术成果转化的政策环境,努力探索城市自主创新的运行机制。经过多年积累,上海高技术工业产业的产值规模、创新投入迅速膨胀,均位居全国前列,应该说有实施开发工业 4.0、发展先进制造业的基础与条件。然而,与北京、广东、江苏等省市相比,上海高技术工业产业发展近年来却呈现"大而不强"、"投而低效"的局面,高技术工业产业的质量和效益，不但没有明显提升，反而呈现不同程度的减缓和下降，高技术工业产业发展后劲堪忧。具体来说：

（1）产值总量大但经济效益不高。上海高新技术产业在总产值、出口产值、产值增长率方面均明显高于北京，虽然产值利润率也稍高，但利润率总体上是下降的，由 2000 年的 9.18％，下降到 2012 年的 3.06％。

（2）研发能力强但科技成果产业化水平低。上海每年获得授权的专利成果要比北京多出近三分之一，但科技合同数量仅有北京的一半。此外，上海高新技术产业产值在高于北京的同时，新产品产值却仅为北京的一半左右。因此上海高新技术工业产业化水平亟待提高，也有很大的提升空间。

（3）从业人员数量多但科技活动人员数量少。上海市高技术工业产业的从业人员数量相当于北京的两倍，但科技活动人员数量却只有北京一半，这种人才格局将不利于上海高新技术产业未来快速发展而产生的对高技术人才的需求。

（4）研发费用投入不足。上海市各级机构每年在研究与试验方面的投入，仅为北京的三分之二，这可能导致未来研发竞争力的下降，从而失去产业价值链微笑曲线左端的研发设计优势，并直接影响高新技术产业的竞争力。

这些问题的背后究竟是什么原因，这可能与上海高技术工业产业的主体主要是国有企业有关，而国有企业的创新动力不强、效率低下一定是与现行体制机制有重要关系，所以本轮上海国资国企深化改革是非常必要的，一是通过混合所有制改变企业的股权结构与治理机制，二是通过企业管理层薪酬制度改革形成新的激励机制，三是商业模式创新业态创新管理创新，这三者缺一不可。

3. 上海准备的总体战略思路：构建新型产业体系

上海正在确立未来发展成为全球城市的宏伟目标，然而全球城市一定与全球领先的产业发展分不开。我们认为，上海未来产业体系及其结构升级的总体思路应该是围绕建设全球城市的长远目标，以打造具有全球影响力的要素配置中心、科技创新中心为基本途径,以发展新一代科学技术与产业为重要手段,充分发挥市场的主导作用,建立与全球城市地位相匹配的、具有综合性服务平台功能的、新型产业体系。

第一,上海未来的产业体系应当与全球城市的发展目标相一致。全球城市的首要特征就是具有全球领导力,而产业实力是城市领导力的基础。未来上海的产业体系也应当与城市地位相匹配,具有全球领导力和影响力。产业的领导力主要体现在占据全球产业体系的核心地位,具有引领产业发展方向、配置资源要素的能力。产业发展是经济进步的基础,而经济进步又是文化繁荣的根本保证。因此,建设具有全球领导力和影响力的产业体系是建设具有经济硬实力和文化软实力的全球城市的必然要求。

第二,以打造具有全球影响力的要素配置中心和科技创新中心为基本途径,不断提升上海产业的竞争力和领导力。在当今社会,生产要素不仅包括资本、劳动力和土地,信息、技术、人才也成为了不可或缺的资源要素。目前上海城市与产业发展的方向是打造"四个中心",产业发展目标在于提升上海在货币资本和商品贸易中的影响力和竞争力。然而,随着新一轮工业革命和工业 4.0 的进一步发展,资本和贸易在产业发展中的地位和作用逐渐下降,信息、技术作为未来产业发展不可或缺的生产要素,越来越发挥着基础性和引领性作用。未来上海产业发展重点应从资本、商品的中心逐渐向信息、技术、人才中心过渡,掌控未来经济和产业发展的基础性要素,从而提升上海产业在全球产业体系的影响力和领导力。同时,科技创新能力是长期保持要素配置能力的决定性因素。打造科技创新中心,与要素配置中心协同发展,以信息、人才配置支持科技创新,以科技创新带动技术要素进一步集聚,共同形成上海未来产业体系的核心竞争力。

第三,以发展新一代科学技术与产业为重要手段,带动上海要素配置中心和科技创新中心的建设。要素配置中心和科技创新中心的建设最主要的是对信息资源、技术资源、基础能源和基础材料的控制,而信息、技术、能源、材料的控制离不开新一代科学技术与产业的支持。发展工业互联物联网为代表的新一代信息产业，为信息资源的获取和交流奠定产业基础；发展大数据技术和云计算技术，为信息的处理和知识的交流搭建良好的平台；以此，构建工业 4.0 即智能互联物联生产系统。加上新能源产业和新材料产业，为整个产业体系的建立奠定能源和材料基础。以此形成未来新型产业体系的基本架构，推动产业的融合发展，创新生产方式，从而吸引和集聚信息资源和科技资源，带动要素配置中心和科技创新中心的建设。

第四，充分发挥市场的主导作用和政府的引导作用。要充分发挥产业升级过程中市场的主导作用，让市场筛选有竞争力的技术和产业价值链环节。相关研究证明，限制政府在资源配置中的作用，更大程度发挥市场作用，对提高整个经济的运行效率具有重要意义，市场应该成为资源配置的决定力量。上海需要通过保障市场的开放性与竞争的公平性，提升市场效率，引领产业结构转型升级，实现未来产业体系的建设。为此，政府的重点是规范与监管，促进市场建立起规范的秩序，结合自身实际和城市发展阶段制定统一的产业结构与空间布局的城市发展规划，做到产业体系与城市发展格局的协调、有序、可持续发展，从而实现产业发展与全球城市发展的协同。

4. 上海准备的路径策略：城市与产业协同发展

上海向全球城市的发展是一个长期而漫长的过程，大致可以划分为四个阶段：工业城市阶段、综合性城市阶段、国际城市阶段和全球城市阶段（见图 3）。前两个阶段主要体现在三次产业总量的变化：工业城市阶段工业产值比重高；综合性城市阶段第三产业产值比重上升，占据主导。后两个阶段是城市影响力和领导力提升的过程：国际城市是城市逐渐融入世界的一个阶段，在一个或几个领域具有国际影响力，成为国际化大都市；全球城市是城市展现领导力的一个阶段，主要体现在引领城市的发展方向，领导产业的转型升级。全球城市的领导力核心是成为全球的资源要素配置中心和科技创新中心，领导要素分配和技术进步。

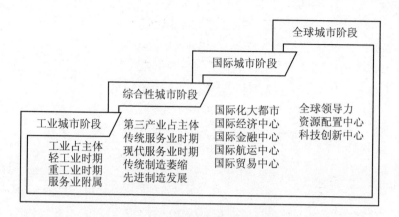

图 3　上海城市发展阶段与特征

　　目前,上海正处于综合性城市的初期阶段,第三产业比重虽然超过 60%,但是地位不稳固,现代服务业的比重还比较低,经济社会正在经历艰难的转型,城市的综合服务能力有待进一步提高。

　　未来,国际城市和全球城市将成为上海发展的长期方向。然而,上海未来新型产业体系发展与上海城市的发展阶段是紧密相连的,既是城市发展的原动力,同时又受制于城市的发展阶段。因此,未来上海新型产业体系及其结构升级的阶段性目标应充分考虑城市发展阶段的现实,与城市发展阶段的目标相匹配。

　　上海作为我国最重要的经济重镇,长三角经济带的龙头,能否在本轮新技术革命与新工业革命中顺势而为,尤其在工业 4.0 方面创新领先,在全球科技创新方面,发挥上海的优势,抓住机遇,超越自我,我们充满期待!

　　(复旦大学管理学院博士生肖勰、张群、黄舒对本文亦有贡献。)

2014 年 9 月 16 日《东方早报·上海经济评论》

应从五方面学习德国 *

李稻葵/清华大学中国与世界经济研究中心主任

中国道路就是要探索一条中国经济社会发展的未来的成功模式。在这个探索的过程中,必须要充分借鉴其他世界上任何成功的国家先进的经验,德国模式毫无疑问是我们实现中国梦、探索中国道路非常重要的借鉴模式。

德国模式值得关注的有五个方面。

第一:公共财政非常有特点

其税收来源比较均衡,直接税跟间接税比重比较均匀,个人所得税在整个税收体制中占的比重为 27%,比美国这样的发达国家低了很多,与此相对的是它从流转过程中征收的税比较多,比如它的增值税占到整个税收体系 36%。流转税相对容易征收。流转税是和经济周期相关度相对比较低的,而个人所得税的税基是个人收入(工资),跟就业相关,波动性更大。这么一个税收体制能够帮助公共财政,使得税收来源比较稳健。这是目前德国人应对这一轮经济衰退一个潜在的法宝。

能源税、资源税的上升不仅能够提供稳定的政府税收,更促进节能环保、环境友好产业的发展。

在政府转移支付方面,德国的做法也很有意思。我们总结下来就

　＊　本文根据作者 2013 年 3 月 21 日,在由德国罗兰·贝格管理咨询公司、清华大学中国与世界经济研究中心(CCWE)主办的"德国社会市场经济模式的中国之鉴"研讨会上的讲话整理而成。

是,以人为本,根据各个地方的实际社会发展的需要进行转移支付,尤其是在所谓的穷州和富州之间能够直接进行转移支付,不经过中央。

第二:大力扶持实体经济

实体经济稳健发展是德国成功的一个重要支柱。

究其原因第一条是稳定有序的劳动力市场,在劳动力市场上工会的作用发挥得比较有特色。工会的作用主要是跟各个企业进行集体谈判,而不是单纯地追求工会自身的利益,很多场合下是参与企业的管理。

职工有序地参与企业决策。比如,2万员工以上的企业必须要有20人的监事会,而监事会成员里面职工占的席位必须有10人,其中3个必须是工会的会员,通过这种监事会机制就把职工和企业高层管理人员的决策有机结合在一起,让职工也以企业为家,参与企业的管理。

严格规定不许随便罢工。德国的罢工频率远远低于法国、英国,几乎没有。

政府对企业用工提供保险。一般的政府做法是当工人失业以后给提供失业保险,德国不一样,德国是对用工提供保险,比如2009年以来德国的很多企业经营短期出现下滑,怎么办? 企业就跟工人讲一星期从5天的工作日减到3天,工资只付3天,失去2天工资的60%由政府提供,一旦经济转好,工作时间从3天回到4天、5天,这样减少劳动力市场上过多的摩擦。

注重职业教育。在我们中国职业教育发展的前景是很广阔的,目前并没有完全展开。

第三:稳健的房地产市场

德国的房地产市场出了名的稳健,甚至房价是下降的,从1975年开始到2011年,德国的房价去除通货膨胀下降22%。原因是什么呢? 我们仔细分析总结,四句话。

"供给这边补砖头"。就是政府直接给开发商提供补贴,鼓励开发商开发房子,但是开发出来的房子不许卖,长期出租,而租金政府又有一定的管控,不能随便涨价。"需求这一侧补人头"。就是对租房子的而不是买房子的老百姓，政府通过各种方式提供补贴。"鼓励租房"。你如果租房子我给你提供补贴，房价不能随便涨，每个地区每个房子的记录都是有的，只要房价涨一点，马上政府可以过来管理、控制。"抑制投机"。就是对于借钱买房子的这部分家庭，政府有相当的控制。比如说收入低的家庭如果你要买房子，政府反而要提高你的首付比例。担心收入低的家庭买了房子又还不起贷款，变成金融体系房地产市场的包袱。德国总的办法是鼓励租房，抑制买房，打击投机。

对中国的启示有，第一，鼓励租房，我们的政策在租房这一侧缺位，一定要增加新建住房供给，尤其是租赁房的供给。第二，严格抑制投机性的购房，适当提高购房的门槛，建立稳定的购房融资体系。

第四：审慎的金融体系

怎么审慎？首先德国金融监管部门对它的金融机构的监管是非常严格的，以至于德国的金融机构的投资资金回报率在欧洲是比较低的。整个欧洲 100 家最大的银行平均回报率是 9.9％，而德国平均的回报率是 4％左右。因为有非常多的严格监管措施，比如说 2001 年德国政府取消了对储蓄银行的政府担保，你们自己担保自己，这样很大程度上减少了银行的高风险行为。同时对商业银行的拨备，对呆账的拨备要求非常高，所以整个德国商业银行体系下的不良资产，不良资产率逐年下降。这是一个奇迹，在金融危机爆发之后它反而下降。根源在于严格的监管。

还有一条非常值得我们关注，是消极的货币国际化。德国政府在这个问题上极其冷静，他们仔细研究了自己的情况，他们发现自己的金融体系远远比不上美国、英国那么发达，同时他们也发现自己的经济总体规模与美国差很远，如果完全放开管制，让资金流入流出，资金会流入德国的商业银行，抬高货币的汇率，那么对德国的制造业和实体经济是十分不利的，分析利弊之后，政府采取的措施是消极地应对国际上的德国货币国际化的呼声，这点特别值得我们今天来研究借鉴。

所以,在金融方面,德国对中国的启示是两条。

第一条,审慎的金融监管具有全局意义,不仅能够让金融业比较稳定,同时让金融业的回报率避免过高的情形,人才逐步流入到企业、实体经济,而不完全往金融领域里走。

第二条,关于人民币国际化,我们一定要保持冷静的头脑,不能被国际化。包括华尔街的很多精英人士在"捧杀",我们一定要考虑中国的实体经济和企业的承受能力,国际化步伐太快,一定会带来人民币升值的压力。

第五:家业长青

我们发现德国的经济实力之所以这么强大,一个重要原因是,它有一大批基业长青的家族企业。其家族企业虽是家族控制,但是职业经理人管理,家族并不介入日常管理。比如,汉高公司是世界上数一数二的化学公司,家族控制,不上市。博世是做汽车零配件的,是宝马、奔驰背后的英雄,不上市,百年老店。再比如,上市的宝马公司背后是一个大家族控制,前台的是职业经理人管理。这个机制非常重要,跟美国不一样。美国往往是乔布斯模式,比尔·盖茨模式,自己创业之后跑了,把企业卖了,搞慈善了,各有各的道术。

什么道理?注重教育。德国的大家族注重教育,德国有好几百所私立学校,在森林里建的,把孩子送过去,严格管理,不许用手机,严格教育。他们要接班,跟我们的很多企业家教育不太一样。

德国遗产税很高,最高70%。遗产税对于家族企业的传承是网开一面的,如果一个企业家创办了一个企业,他要把这个企业传给自己的孩子,如果这个孩子承诺十年之内继续经营,或者经营十年以上,他的遗产税几乎是不用交的。遗产税对于家族企业的传承、基业长青起到一个正面的作用。这一点非常值得我们关注。保时捷的家族时间关系都不提了,保时捷由家族一支外孙控制了,另一支控制着奥迪。这两家逐步合并。

对中国的启示,第一条家族长期控制加上职业经理人管理,可以成就伟大的企业。我们脑子里往往想的是美国企业,第一代创业了,第二代不愿意干了,就把这个企业交给社会。第二,教育是传承的关键,教育孩子以企业为家。管理企业很辛苦的。遗产税是一个正在兴起的话题,不管中国的遗产税要不要,还是怎么设计,一定要考虑这种家族企业的传承。

总结起来,五句话。

第一,税收来源要均匀,支出以人为本,不要搞项目。

第二,劳资团结合作,提供就业保险。就业保险比失业保险更有积极意义。

第三,金融监管从严,避免超额金融的利润,避免聪明人过多涌向金融业。货币国际化应该谨慎、务实,不能求其虚名。

第四,补助租房市场,提高买房门槛,减少房地产市场泡沫发生的可能性。

第五,呵护家族企业,不要以为家族企业是收入分配、财富分配不均的来源。家族企业如果能坚持经营,对社会是有贡献的。

2013 年 4 月 23 日《东方早报·上海经济评论》

学德国,操作层面还要继续研究 *

郑新立/中国国际经济交流中小常务副理事长

王一鸣**/国务院发展研究中心副主任

最大的区别是思维

李稻葵:我先问一下郑新立先生,您在中央领导身边工作很多年,很多的政策由您建议提出。根据您的了解,我们国家的高层决策者对德国模式的看法是怎样的?

郑新立:建设社会主义市场经济学习了各个国家的经验,其中包括德国的经验,国家计委在 20 世纪 90 年代每年与德国经济部交流一次。我在国家计委工作的时候,曾经准备学习德国稳定增长法经验,将其引进中国,这个愿望没有实现。

德国的宏观调控、财政制度、金融体制、房地产管理、教育制度等等都非常有特点,而且非常有效。

德国人跟中国人有一个共同的地方,就是喜欢从哲学上来思考问题。我们学习借鉴德国经验的时候,感到能够找到共同语言,特别是到德国特里尔(Trier),马克思诞生的地方——中国旅游者去的很多——在德国现代管理模式很多地方可以看到马克思主义

---

* 本文根据作者 2013 年 3 月 21 日在由德国罗兰·贝格管理咨询公司、清华大学中国与世界经济研究中心(CCWE)主办的"德国社会市场经济模式的中国之鉴"研讨会上的讲话整理而成。

** 时任国家发改委宏观经济研究院副院长。

的影响，马克思主义的影子。

德国的模式叫社会市场经济，我们是社会主义市场经济，差两个字，没有主义。改革开放 30 年的情况下，要继续前进，关键在改革。这个时候清华大学经管学院研究德国的模式，对于我们推进下一步改革，夺取新的胜利具有重要的意义。

根据我多年的考察和了解，德国至少有这样几个地方值得我们经管中心继续研究，尤其操作层面需要深入研究。

第一，是它的财政转移应数支付。我们现在有一般转移支付和专项转移支付，"跑部钱进"。德国人很聪明，他把好多地方的指标算一个数，哪个地方需要转移多少，一下子行了，不用吵架，不用"跑部钱进"。

第二，德国中央银行由议会任命，政府管不了，银行就是对保持货币稳定负责。这条值得研究。

第三，德国有一个宏观调控的稳定增长法。我研究了很长时间，想把它移植到中国来，费了很大劲。我觉得对德国的稳定增长法要研究。

第四，德国青少年三分之二接受职业教育，在德国接受职业教育和学历教育一样并不觉得低人一等，好多蓝领娶的媳妇是大学教授，但是到中国行不通。

第五，德国住房互助银行。它像我们住宅互助基金一样，不买房的时候把钱存在那，让别人用，当你用的时候用别人的钱，互助银行带有社会合作性质。德国没有把住房当成投资投机的对象，所以德国也没有房地产泡沫，这个应特别向德国人学习，也要研究一下。

第六，是德国的城市化。德国的城市化非常成熟。67% 的德国人是住在小城镇里，上班生活都很方便，不需要住在大城市里。我们现在搞城市化，搞不好会走偏，德国城市化的模式值得我们借鉴。

第七，德国的出口已经占到 GDP 的 40% 多，我们占到 20% 多，现在我们要转型，要从出口驱动型向消费驱动型转变。我们比重比德国少 20%，出口到底多了是好事还是坏事？

第八，在接受外国投资方面，感谢德国人，它跟美国和别的欧洲国家不一样。最近中国在海外投资成功的案例都是在德国，不像美国人那么小气，议员出面干预，德国人很聪明，很大度。这是中国跟德国发展合作非常好的基础，以后还会继续合作。

至于中国人跟德国人最大的区别是什么？要从思维上向德国人学习。比如一个东西掉在地上，大家都去找。怎么找？中国人找一遍，找不着再找一遍。德国人是在这个地上用粉笔画成方格，一个方格、一个方格找，找完一个方格用粉笔打一个叉，看起来这种方式慢一点，但是它不搞无用功，最节省时间。在思维方式上，行为方式上，中国人要向德国人学习很多东西。

中国内地的房地产有点走偏了，把房地产当成一种投资的对象，当成第二股市，这个受日本和中国香港的影响，搞泡沫。我觉得在这个问题上，我们绝不能学日本、学中国香港，要学德国。德国的房地产没有泡沫，几十年房价很稳定。中共十七大提出住宅业发展要以住有所居为目标，不能把房地产搞成泡沫。这一点应当向德国学习。

如果政府对租房的补贴到位，中国的年轻人就会很理性地意识到租房挺好。把经济适用房取消掉，经济适用房把整个经济秩序搞乱了。我们单位两个人2013年搞了两套经济适用房，5年内不许卖，5年以后卖一下子能挣几百万元，等于一下子给了他们几百万元。要么就是商品房，要么就是廉租房。

观众问：具体来说，关于城镇化有哪些值得借鉴？

郑新立：我的理解是，中国百万人口以上的城市全世界最多，你要到美国、欧洲超过百万人口的可以数得过来，洛杉矶、芝加哥、纽约，等等。

第一，我们要大中小合理化，但是实证地研究一下，改革开放后人到底往哪走的？都是往大城市走。为什么？这里面有地理的因素，中国的平原面积只有12%，我们如果搞星罗棋布的小城镇对生态环境是不是有利？德国、美洲、澳大利亚都是大平原，自然条件比我们好，我们如果这么铺开搞，不具备条件。同样日本的情况跟我们有点接近，它没有那么多平原。

第二，跟我们的制度因素有关。我们的城市跟行政管理体制吻合在一起，一级城市意味着一级行政管理登记。比如重庆是直辖市，下面还有市，有涪陵市、万州市，地级市下面还有县级市，大城市意味着它的行政资源的配置权大，它的层级也高。它带来什么东西？北京公共服务设施标准高，因为它的行政资源调动能力强，各种优质的资源集中在北京，所以人们会往那走。

第三，你让人往中小城市走，又不挤，空气又好，干吗都到北京来？因为有机会，因为行政资源高度集中机会多，北京捡垃圾捡得好一个月也挣几千块钱。

再过 20 年，这种基本格局还很难改变。北京、上海、广州突破 2 000 万人，在欧洲就是一个比较像样的国家，瑞典才 900 多万人，芬兰 600 万人。北京过去 10 年每年净增人口 50 万人到 60 万人。再过 20 年正好 1 000 万人。因为中国是十三四亿人口的国家，就是有这样的大都市区。再往后走，中国好多都是世界上没有的，它会形成 3 000 万人口的大都市区。这个会对我们提出挑战，我们怎么样去有效地治理和管理大都市区。

我们很难简单地去套德国模式。至于说到城镇化，我们现在讲的城镇化不是去建城，现在房地产公司一听到城镇化，高兴坏了，这下有概念了。我们讲的是人的城镇化，我们还有 2.6 亿人没有实现市民化，20 年把 2.6 亿人市民化就不错了。核心是这个。先把已经进来的人市民化，享受城市市民的待遇。要跟进来的人聊天，问他有什么愿望？他说他们这一代拉倒，我们的孩子能不能跟城里孩子一样上学，能不能享受相同的公共服务？

至于城镇化的借鉴，一个是大中小城市将来还是以中小城市和小城镇发展为主，现在苏南沿海地区已经出现了类似德国这样的模式，像昆山、张家港、江阴这些地方已经就地实现了城镇化。人还住在原来的地方，但是从事的是二三产业，一个县形成了半小时生活圈。这些人已经城镇化，没必要迁到上海、苏州等大城市。这些模式中西部在城镇化的时候可以借鉴。

学习德国制造体系

李稻葵：下面一个问题想问一下王一鸣院长。你是在国家发改委工作，发改委是我们国家一个最重要的经济管理宏观调控的部门，你这块跟经济运行最新的情况是保持密切联系。当前中国经济最主要的几个问题是什么？德国方面的经验都在这些方面能够给我们什么样的借鉴？

王一鸣：中国经济经历了 30 多年的高速增长，应该说现在正在发生变化。经济增速在明显放缓，原有的一些增长动力正在减弱。再一个资源和环境的硬约束在强化。雾霾天气东部覆盖范围还是很大的，没有清洁的空气要那么高的 GDP 干什么呢？很多老百姓就提出这个问题。中国正在一个需要变革的前夕。德国模式给我们提供很多借鉴。

第一个，我们经常思考德国工资那么高，制造业为什么还有竞争力？一定是有更高的生产力，更高要素生产力。中国要延续经济增长，要继续往前走，必须从这方面有所突破，要从原来的加工组装、加工贸易转向以研发为基础的制造，这个是中国必须跨过去的一步。

这就需要大规模的人力资本投资，而不是物质资本的投资。所以我们需要投资于人。中国的传统教育就是精英教育，读清华、北大、211 高校。而我们缺的最大的一块就是德国职业技术教育，这是中国未来非常需要的。我们怎么去参与全球竞争，需要更高的素质，这个是需要向德国学习的。德国的职业基础教育，是当三年学徒。大家看到德国的制造品工艺非常好，同样是宝马车，德国制造的跟在中国组装的质量不一样，说明一线上的工人素质不一样。所以怎么样大规模发展职业技术教育，这是我们非常需要跟德国学习的。

第二个很重要的，我们讲到模式的时候，核心的东西还是政府与市场的关系。以前在学习成熟的制造——技术路线比较明确的成熟制造，可以通过政府配置资源，我们要赶超，通过政府配置资源推动发展。再往后走，我们越来越需要创新，有很多领域技术路线并不成熟，市场前景也不是很明朗。比如新兴产业领域，在这种情况下，过度依靠政府配置资源，肯定就会错配，甚至造成资源的严重浪费。所以，一定要政府放权、让权给市场，让市场试错，让企业试错，在这个过程中找到合理的方向。这方面可以从德国学到很多经验。它既有政府的协调，又最大程度发挥企业个体的创造活力。以前我们老说中国是东亚模式的一部分，我们下一步转型应该往哪个方向走呢？我想还是中国自身的模式，我们走中国自己的路，但是我们可以借鉴德国的各种有益的经验。

李稻葵：郑主任，王院长，借用美国一个专栏作家的说法，如果美国的白宫可以向中国的中南海借一天的话，按照中南海的行事方式进行，列出了十几条决策，白宫应该修机场，修高速，搞职业技术教育等等。如果中南海可以借德国体制一天，你们觉得中南海应该做什么？

郑新立：应当学习德国人的思维模式，不走极端，而且善于把个人的积极性、企业的积极性和整个社会的需要结合起来。如果政府向德国学习，首先应从思维方式上学习。

比如，住房现在是我们最乱的一个行业，刚才讲到"国五条"，我曾经到德国专门去考察德国的住房制度，他们给我讲课。德国的住房制度里面社会主义的因素比我们现在的住房制度多得多。德国储蓄银行是"二战"以后搞的，孩子生下来以后就每个月存钱，一直到你结婚这个年龄需要用房子，然后把你储蓄的钱全部给你，另外再给你一倍的贷款。储蓄银行运转了五六十年，运转得非常好。它占德国人买房子支出的三分之一，储蓄利率非常稳定。德国的房价稳定就带动了市场的稳定，市场的稳定就决定经济的稳定。所以德国经济从几十年来看，特别是 20 世纪 50 年代以后没有出现大起大落，非常稳定。德国的住房政策我们好好剖析一下，很有启发和借鉴。

王一鸣：这个很难说得清楚。只有一天时间，我们最大程度地让他们把对中国最有用的东西讲出来。中国现在是全球制造规模第一，德国也是一个制造业的强国，如果有这么一天的话，我希望德国传授"德国制造"一整套经验和模式。中国制造原来靠价格竞争，下一步要转向以质量、技术、品牌服务为核心的竞争，恰恰是这方面我们最有向德国学习的空间。

德国产品大家公认的质量好，有的人跟我说，日本产品也很好，但是到了年限准坏。德国产品到了寿命周期以后，你怎么使它都不坏，这是它的质量标志。当然德国有很好的品牌管理，在制造品领域同样是，包括基础研发。如果有一天我们尽可能把它这套体系挖过来，我们就能够学到家。

2013 年 4 月 23 日《东方早报·上海经济评论》

应学德国靠制度来治理

同济大学德国研究中心

德国在 2014 年世界杯足球赛上赢得了冠军,不仅如此,德国在经济上的表现在欧盟内也堪称"一枝独秀",人们又开始重论"德国模式"或德国的社会市场经济。那么,"德国模式"的成功要素有哪些? 这一模式对其他国家有无借鉴可能性?

针对这些问题,同济大学德国研究中心组织国内德国研究界的学者进行了一场网上"头脑风暴"。

学者名单
丁　纯:复旦大学欧洲问题研究中心教授、主任
郑春荣:同济大学德国研究中心教授、常务副主任
杨解朴:中国社会科学院欧洲研究所副研究员
朱苗苗:同济大学德国问题研究所副教授
胡　琨:中国社会科学院欧洲研究所助理研究员
赵　柯:中共中央党校国际战略研究所助理研究员

一问:您觉得"德国模式"或德国社会市场经济的核心理念和构成要素有哪些? 它和其他模式最大的区别在哪里?

郑春荣:国内学界往往把"德国社会市场经济"、"莱茵模式"等同于"德国模式",这事实上是一种概念套用或混用,在我看来,"德国模式"这个概念更加宽泛,凡是属于德国特殊性的东西,都可以归入"德国模式";而社会市场经济是一种强调市场竞争和社会公

正相结合的经济与社会体制,在其中,竞争秩序是基础,社会公正是它的不可或缺的补充。它和其他模式,例如英美模式的最大区别就在于它更强调社会价值,例如劳资关系的和谐,社会团体的参与治理或自治,等等。

丁纯:德国的社会市场经济主张自由和秩序的统一,经济效率与社会公正的统一。它是以竞争为主要形式的市场经济,辅之以社会内容;既反对完全自由放任资本主义,又反对集权式计划经济。具体而言,它强调法制、秩序、自由经济、反垄断、自由贸易、可持续增长、充分就业、稳定通货、对外经济平衡、社会和生态、社会(福利国家)、社会伙伴间的社会对话、市民社会等。

它和其他经济体制的最大差别在于,它把经济和社会维度,或者说个人责任和社会福利相结合。

赵柯:所谓"德国模式"主要是指德国社会市场经济,是相对于"美国模式"的自由市场经济而言的,两者的区别主要体现在三个方面:第一,在社会公平与经济效率的关系上,美国的自由市场经济的理念认为两者是冲突的,强调两者中任何一个就意味着要不同程度地牺牲另外一个,决策者需要在两者间进行权衡;而社会市场经济理念则认为公平与效率是相互融合的,两者互为条件,不存在紧张的冲突关系;第二,美国的自由市场经济的核心理念是市场均衡,而德国社会市场经济里面的核心理念是社会均衡;第三,美国自由市场经济理念主张一个"中立型"的小政府,而德国社会市场经济理念则主张一个"秩序型"的强政府。

杨解朴:德国社会市场经济的核心理念是竞争秩序,它体现了四大原则,即竞争原则、社会原则、稳定经济的原则以及与市场一致的原则。其被学界认同的构成要素包括:出口导向型经济增长方式、稳定的金融系统和公司治理结构、稳定的劳动力市场、社会伙伴的平等参与及共决机制、反通胀的社会共识、成熟的社会保障体系等。

有别于其他模式,德国社会市场经济是"一种注重社会的特殊类型市场经济",是"根据市场经济规则运行,但辅以社会补充和保障……通过实施与市场规律相适应的社会政策,来有意识地将社会目标纳入"的经济制度。在这一制度中,借助竞争秩序实现的经济增长是社会公正的基础,增长政策优先于分配政策。

朱苗苗:"德国模式"也被称为"莱茵模式",是资本主义的一种形式,它还有个名称——德国社会市场经济。其核心理念是在市场经济的基础上兼顾经济增长、公共利益、社会公正和个人自由,它的出发点和实质是秩序自由主义,依靠市场的竞争秩序促进经济增长,兼顾利润再分配和社会福利。它的构成要素有:规模经济;以劳动生产率增幅为导向调整雇员工资;政府转移支付(养老金、医疗和失业金,以及其他社保福利津贴等)、国家的社会公共服务职能;高的教育水平;在全球市场保持比较优势(对于德国而言是各种高端制造业产品,这一直是德国在国际分工中的重要功能定位)。这里重要的是以上要素需要共同作用,促使劳动生产率不断提高。事实上,发达工业国家或多或少都具备以上要素,因此,有学者称这类资本主义为"分享式资本主义"(这就是说,分给劳动者多一些利润和权利,比如增加社会福利,提高工资,工会在劳资谈判中的影响力等),但是不同国家因其特殊体制和既有条件,其效果有所不同。

"德国模式"与其他模式的最大区别在于它的合作主义,利益集团有制度化的影响决策的机制。特别是德国工会与雇主联合会能够参与政策的制定和实施。与很多其他欧洲国家相比,德国工会力量强大。在危机和改革时期,德国工会和雇主等各方能达成共识,相互妥协,共同寻求解决危机或改革的方案,大大减少了劳资双方摩擦带来的损耗,这有助于排除对经济效率和劳动生产率的负面影响。

胡琨:谈到社会市场经济的理念和要素,我们有必要首先回顾一下社会市场经济的产生背景及其政策实践。二战结束后,面对民众普遍对市场经济持反感态度这一时代精神的挑战,建构一个兼顾经济效率与社会公正、从而被全社会广泛接受的经济制度,成为新成立的联邦德国最紧迫的任务。在此背景下,阿尔弗雷德·

米勒-阿尔玛克基于秩序自由主义理念,创造性地提出了"社会"的市场经济,即"社会市场经济"概念。米勒-阿尔玛克认为,就服务于共同利益、满足社会正义和个人自由的诉求来说,市场经济被证明是相当有用的工具,但有必要通过一定的经济过程政策和社会政策来实现经济社会目标,即寻求建立一种以市场经济为基础,兼顾经济增长、个人自由和社会安全的"共容性"社会秩序;同时,他又主张经济社会秩序不是既定与一成不变的,而是应在坚持市场自由和社会平衡原则相结合的前提下,与不断变化的社会环境相适应。

在这种实用主义取向的影响下,社会市场经济从一开始就是一个建立在市场经济基础之上,各种理念(包括秩序自由主义、社会主义、基督教社会教义和新教伦理等)"共容"并不断演化、开放的经济制度。在这个框架下,不同立场持有者可各取所需,并从各自理念出发理解和塑造这一制度,特别是"社会"这一定语,可被多样甚至完全对立地解读;就此而言,"社会"与"市场"这一看似矛盾的词语组合相当符合当时的社会环境。因此,这一概念被路德维希·艾哈德借用后,很快被德国社会所普遍接受;但同时,社会市场经济作为一种具体的经济社会模式,其实践也因此持续处于各种力量博弈的张力之中,从而会在不同历史时期呈现出不同甚至背离其初始理念的表现形态。

尽管如此,经济政策不应偏离"只有一种市场竞争秩序才有可能提高人民福祉和导向社会公正"这一社会市场经济核心主张,即国家应优先建立和维护市场完全竞争的经济秩序,辅之以必要的过程政策和社会政策,但任何过程政策与社会政策都应遵循绩效原则与辅助性原则,使之朝着适应而不是破坏竞争秩序的方向推进。因此,社会市场经济不是市场经济和中央统制经济之间的第三条道路,也不是提供完全保障的福利国家,而是一种注重社会的特殊类型市场经济。

而德国战后的经济政策实践表明,一方面,在借助竞争秩序实现经济增长之外,须通过必要的过程政策和社会政策确保竞争秩序所处整体经济环境的稳定，以便从根本上保障竞争秩序；但另一方面，过度的国家干预与社会保障违背绩效原则与辅助性原则，会损害竞争秩序和经济活力。因此，保障竞争秩序包括完善竞争秩序和确保其所处经济环境稳定之双重含义，社会市场经济模式下的经济政策最终演变为围绕竞争秩序，在过程政策与社会政策"必要"与"过度"之间的权衡。

二问：德国曾一度被称作"欧洲病夫"，它为何能这么快地重新恢复活力？"德国模式"是否依然有隐忧？

郑春荣：德国尤其在两德统一以来背上了沉重的包袱，经济增长乏力，社会福利体制不堪重负，失业率高，科尔政府也曾试图推行必要的改革，但成效不大。直至施罗德政府在 2003 年推行"2010 议程"，尤其对劳动力市场实施了彻底的结构性改革，才使得德国劳动力成本得到有效控制，重新恢复了竞争力。在经济危机期间，德国通过短时工作等有效的劳动力市场政策措施，甚至实现了"就业奇迹"。因此，德国经济重新恢复活力，除了因为德国从估值偏低的统一的欧元中获利最多外，施罗德政府推行的哈茨改革功不可没。但这一改革也带来了德国低工资部门膨胀以及贫困人口增加的问题。

谈论"德国模式"的隐忧，我们首先得就"德国模式"的主要构成要素达成共识。无论如何，"德国模式"的隐忧肯定是存在的，例如在劳资关系领域，这也是"德国模式"的核心领域，工会的战斗力在下降，由此地区行业劳资协议的覆盖率在不断下降，这是对劳资自治体制的侵蚀。鉴于工会力量的削弱，需要政府给予必要的干预，正如我们看到的，德国目前已经决定通过立法引入覆盖全国各地区各行业的法定最低工资。这里的悖论是，政府在最低工资领域的立法虽然为工会的谈判托了底，但也是对劳资自治的一种侵蚀。

无论如何，我们不应过分夸大"德国模式"的隐忧，因为"德国模式"是一个动态的模式，我们不能静止地去看待它。之所以"德国模式"能周期性地引起世人的瞩目，也正是因为它具有遇危机进行自我调适的能力。

丁纯：德国能迅速恢复，其原因在于它坚持欧洲一体化并从中获益，改革社会保障制度和相关理念，还有经济周期的影响以及德国东部情况好转。另外，德国坚持实体经济、开拓出口市场，重要的还有德国社会总体和谐等。

至于"德国模式"的隐忧，这里可以提到的几点：出口导向型经济的可持续性问题，欧盟内部不平衡带来的政策冲突对德国经济等负面影响，财富效应导致的工资和福利上涨的压力等。

杨解朴：面对德国经济的病态表现，从施罗德政府开始，德国通过实施"2010议程"，对经济和社会进行了大刀阔斧的改革，尔后执政的默克尔政府继续支持和延续了这一政策，改革了劳动力市场、削减了福利支出，具体包括：削减养老金给付水平、延长退休年龄、促进老年就业；进行医疗保险改革，将劳动力成本与医疗成本分割开；消除原有的制度壁垒，放松解雇限制、创造微型工作、鼓励灵活就业；改革失业保障制度，将救济金领取和强制就业相挂钩。通过上述改革，德国降低了劳动力成本，同时以长时间的工资节制为代价，获得了强大的国家竞争力，凭借出口导向型经济增长方式，走出了阴霾地带，"德国模式"也因此重获活力。

从发展前景上看，有两个因素可能成为"德国模式"发展的隐忧。一是德国内部社会结构的变化，具体地说，也就是人口老龄化、家庭结构、就业结构的变化，将持续不断地给社会保障制度带来压力；二是全球经济市场的复杂性将可能会对德国出口导向型经济增长方式产生一定抑制。上述两个因素均会对"德国模式"的构成要素产生不利的影响。

朱苗苗：在我看来，德国之所以能较快恢复活力，恰恰是因为部分剥离了原本属于德国社会市场经济中"社会"的部分，或者说甩掉了因"社会福利"带来的部分包袱。红绿联合政府执政时期，施罗德（社民党）大刀阔斧进行改革，改革劳动力市场（如增加短时工、临时工等用工形式），削减社会福利，工会实行工资节制，为之后默克尔执政时期的德国在危机中保持"一枝独秀"做出重大贡献。从 2008 年爆发的欧债危机中，很明显可以看到，在默克尔的强势政府领导下，德国工会和雇主等各方在谈判中妥协，相互减负。制度的安排加上本身强有力的制造业和对创新科技的促进，让德国经济很快恢复活力。

但是，从另一方面，也可以看到"德国模式"存在的隐忧——在新自由主义经济和金融资本的胁迫下，"德国模式"中的"社会福利"和"社会公正"或者说"社会市场经济"的"社会"这一附加内容大幅度减少。"德国模式"可以说是众多资本主义经济形式中较为理想的一种，但是金融资本对其造成了破坏性影响。在经济全球化的压力下，德国国民经济必须通过降低成本、压低工资来保持和不断提高劳动生产率。金融资本并不创造新价值，可是它的力量强大到主宰商品、服务、劳动力和实际投资，而自身却不受经济发展逻辑的束缚。这样会导致少数行为体获得巨大利润，而代价则可能是整个国民经济受到损害。在金融资本的影响下，企业更倾向利用套利赚取利润，与有创新能力的实体企业相比，这种套利企业不创造新价值，并且资本市场容易导致泡沫。这些都是对"德国模式"的威胁。

赵柯：德国在进入 21 世纪之后能够迅速恢复活力更多地是受益于欧洲货币一体化，也就是欧元的诞生。这让德国拥有了"双重优势"：第一，欧元的使用对德国而言相当于马克自动贬值；第二，欧元区国家无法再利用汇率手段赢得对"德国制造"的竞争力。所以，欧元引入之后不久，德国制造"横扫"欧洲，赚取了巨额外汇盈余。

胡琨：我们再来回顾德国历史上的经济表现。20 世纪 70 年代，总体调控下的国家干预愈演愈烈，社会市场经济模式被视为过时，竞争秩序受到严重损害，德国经济陷入滞胀。在这一形势下，赫尔穆特·科尔领导联盟党于 1982 年重新执政，面对经济全球化的挑战，为增强德国的竞争力，科尔宣布回归社会市场经济基本原则。（详见本书胡琨文：《德国社会市场经济 66 年演进与竞争秩序的回归》）

但是,如何确保这一回归本身不会"过度",导致必要的过程政策与社会政策缺失,从而影响竞争秩序所处经济环境的稳定,进而从根本上损害竞争秩序,却是德国新的大联合政府今后需面对的问题。

三问:德国在欧洲、尤其在欧债危机的应对过程中,也在推广德国的社会市场经济。您觉得该模式对欧洲其他国家是否适用?

郑春荣:社会市场经济原则已经写入了《里斯本条约》,不过,这并不意味着欧盟已经真正实施社会市场经济。但这种政策宣示,无论如何,表明欧盟想要在提升欧盟竞争力、实现经济增长的同时,兼顾社会团结与就业。社会市场经济原则被写入欧盟的基础条约,不只是说明了德国在欧盟内的影响力,也佐证了社会市场经济这一理念的说服力。

尤其在欧债危机应对过程中,德国主导了欧洲的经济治理模式,输出了以紧缩来应对危机的理念和政策措施,虽然其他国家颇有怨言和不同意见,但迫于德国的影响力,不得不采取了严厉的节约措施。现在回过头来看,德国的危机应对之道的确取得了效果,危机国家逐步走出了主权债务的困境。但是,也必须看到,危机国家在采取紧缩举措时,国内引发了大规模的抗议行动,造成了社会的不稳定。因此,在实施节约措施的同时,是否应辅以一定的促进经济增长和就业的措施,是值得商榷的。

另外,"德国模式"的某些构成要素是欧盟其他国家中长期无法简单移植的,例如德国的出口导向型经济增长方式,因为其他国家并不具备德国这样的出口竞争力。又例如,德国的公司治理模式和职工共决机制也不是其他国家能够简单复制的,因为欧洲各国在这方面的体制各不相同,在欧盟引入新的公司法律制度的时候,由于各国无法达成一致,因此引入了在德国式双层管理体制和英美式单层管理体制之间进行选择的可能性,在共决体制方面也增加了灵活性,给了公司劳资双方就此谈判决定选择何种模式的可能性,在这里,不是"德国模式"输出的问题,而是遇到了欧盟其他国家模式对"德国模式"可能造成某种侵蚀的问题。

丁纯:德国市场经济的主要理念和思维可以借鉴,如市场经济体制，如上所述，它以自由竞争为主、社会保障和社会伙伴对话等为辅，全面发展经济和构建和谐社会关系。但具体的照搬很难，这涉及各种限制性条件因素，包括理念、文化价值、思维方式、法律制度、经济基础、工作效率、资源禀赋、产业链分工、国际环境、社会发展程度等。

杨解朴：对于"德国模式"在其他国家是否适用的问题，不能简单地回答是与否。从制度环境上看，"德国模式"及其各构成要素均曾按照德国本国情况经历了自我调整的过程，而且这一过程仍在继续。而欧洲其他国家的经济和社会结构、政治人文环境与德国不尽相同，完全照搬"德国模式"，并不一定合适。从欧洲一体化进程看，欧盟国家在经济领域高度一体化，事实上，德国通过其在欧盟内的作用，已经将"德国模式"中的一些理念和原则推广至欧盟国家，例如在克服欧债危机的过程中，德国的紧缩原则确实使危机国家的债务得到缓解，但这一过程对于其他国家非常痛苦，而德国也曾经为此遭受其他国家的反感。相对于经济领域，欧盟国家在社会层面一体化程度不高，欧盟国家中存在不同的社会模式，在这个方面，"德国模式"在其他国家的推广并非易事。

胡琨：社会市场经济模式的核心是保障"竞争秩序"，以确保市场的"充分竞争"，从而实现经济增长。实践表明，这一经济制度在战后成功地促进了联邦德国社会经济目标的达成。但任何国家经济制度的形成，都是各国政治制度、自然条件、文化传统和发展水平等因素影响下自身演化的结果；如前所述，社会市场经济模式在德国产生亦有其深刻的历史背景。因此，临渊羡鱼，不如退而结网，对于其他欧洲国家来说，面对经济全球化和欧洲一体化带来的机遇与挑战，借鉴他国成功经验，探求适合自身国情的发展模式方不失偏颇。

赵柯：欧洲大陆的经济体制在根本上和德国差别不大，其他欧洲国家要学德国，就要学德国能够根据形势发展不断改革自身的体制，让其更具适应性和弹性。

朱苗苗：我认为，"德国模式"不适用欧洲其他国家。尽管欧洲其他国家做出向德国学习的样子，但是它们没有能力效仿"德国模式",因为它们没有强大的国民经济结构作为前提,缺乏国际竞争力。另外,德国的这种制度安排与其特殊的历史背景以及深刻的"民众共同体"(Volksgemeinschaft)的集体思想根源密切相关,很难直接移植。在危机中,欧洲很多国家表面上跟随德国实施了紧缩政策,但这并不能真正长期赋予这些国家的国民经济以活力,更与保持或改善社会福利的愿望背道而驰。

四问:您觉得,国内谈及"德国模式"迄今还有哪些误区或缺失?如果我们想要借鉴"德国模式",那么结合中国的国情和发展需要,您觉得最值得借鉴的有哪一项/哪一点?(请举一例即可)

郑春荣:首先,我觉得国内对"德国模式"的概念及其构成要素还缺乏深入的讨论。其次,国内往往把"德国模式"看作是一种静止的模式,而事实上它是一种有弹性的动态模式,这也是它的强项所在。

可以借鉴德国经验的地方不少,但是,德国经验是否直接适合于中国国情,这又是另一回事情,但无论如何能提供给我们解决问题的思路。至于中国如何借鉴"德国模式",首要的是不能只从操作层面去借鉴,而是更多地要从理念和制度层面去思考。

如果一定要回答"德国模式"中哪一项最值得借鉴这个问题,我个人觉得,德国社会团体的参与治理和自治是值得进一步深入考察的,这涉及的面很广,包括劳资关系、公司治理、社会保障、职业教育等很多领域。

丁纯:"德国模式"的启示是,经济运行(包括对内、对外)要依赖市场因素的决定作用,让市场要素自由流动起来,当然也需要一定的政府干预和协调,但前提是应该相信市场的作用。我认为,具体治理应该学习德国,强调秩序、法律、法规、法令等作用,换言之,重要的是靠制度来治理。

杨解朴:对于"德国模式"迄今仍无标准的定义,如前所讨论的,当提到"德国模式"时,人们自然地联想到德国的社会市场经济制度。我认为,事实上,"德国模式"的外延远远超越了德国社会市场经济制度本身,它涉及在政治、经济、社会等各领域具有德国特色的制度模式,例如德国的制造业、德国的双元制职业教育、德国的社会伙伴关系、德国的绿色经济与可持续发展政策等等。

总体而言，德国在产业政策、企业创新、可持续发展以及双元制职业教育等方面都有值得中国借鉴的成功经验。

朱苗苗：德国值得我们借鉴之处有德国的劳资体系。德国企业里有企业职工委员会，公共机构则有人事委员会，在行业层面则有产业工会，一方面雇员和工会力量能通过各种制度化的机制维护自己的利益，另一方面又不会因此造成系统的过多摩擦损耗。但也必须注意到，德国的合作主义在较为强势的政府下才能更好地发挥作用。

胡琨：如前所述，社会市场经济不是介于社会主义与资本主义之间的所谓"第三条道路"，更不是福利国家，而是一种注重社会的市场经济制度，其核心理念是确保竞争秩序。在社会市场经济理念中，只有实现了经济增长，方有可供公平分配的社会财富，增长政策须优先于分配政策。

尽管一定的经济过程政策和社会政策有助于确保竞争秩序所处整体经济环境的稳定，但过度的经济干预和社会福利会侵蚀绩效原则和辅助性原则，从而损害竞争秩序。而对中国来讲，如何克服各类因素所导致的竞争限制和通货膨胀无疑是目前值得思考的问题。

赵柯：国内主要把社会市场经济体制理解为市场经济＋社会保障，这是一种误区，德国社会市场经济最为关键的是对市场的看法，认为市场本身是脆弱的，因为市场的自发发展孕育着内部权力的非均衡分布，也就是消费者与厂商，厂商与厂商之间，雇主与雇员之间的权力会失衡，这会让市场经济自我毁灭，所以需要秩序。所以，德国社会市场经济的制度设计和政策理念是建立在市场缺陷的基础上，这是德国社会市场经济的核心，而不像一些美国主流经济学理论所宣扬的，把相信市场作为一种信仰，甚至宗教。德国社会市场经济体制的设计者们始终对市场保持足够的警惕，这是德国社会市场经济的核心，也是最值得中国借鉴的。

2014 年 7 月 28 日澎湃新闻网

德国的经济模式是怎样的

[德]罗兰·贝格

我是德国人,今天讲的是我的祖国,当然觉得非常荣幸。我们探讨德国的经济、德国的模式,是不是说德国就是大家的榜样呢?我不是这个意思。但是它的模式很有意思,也许还是有一些值得其他国家借鉴的地方,值得我们去研究。

我本人30多年前第一次来中国,那是1983年。当时我们公司接到中国政府的一项任务,帮助中国制定机械机床工业发展的道路。今天中国的机床工业已经发展得很快,规模是世界第一。当年能够有机会给中国政府就机床工业的发展建言献策,是我们的幸运。从那以后我经常来中国,其实我一直非常欣赏,甚至非常佩服中国。我之所以反复来中国,也是因为我在中国结交了很多好朋友。我很喜欢跟这些朋友之间的关系,每次来中国我都觉得非常高兴。当然还有一点,我之所以来中国还因为罗兰·贝格管理咨询公司有360到370名中国员工。我经常来看我的生意,跟我的中国团队探讨。

今天的主题是:从德国的模式当中可不可以借鉴一些经验?

成就

首先提醒大家的是,欧盟作为一个整体是世界上规模最大的经济体。GDP比美国要大,当然也比中国大得多。

为什么我要讲这一点呢？因为大家通常对欧洲的成长性有一些怀疑，当然这跟欧洲的人口结构老化有关系。但是你还要看一些相对的比较数字，比如，人均 GDP 跟美国、日本不相上下，而且人均 GDP 的增长比美国快，也比日本快。当然中国的人均 GDP 也增长得很快，但毕竟我们两个经济体处在不同的发展阶段。所以，欧盟的经济还是很不错的。

但是，由于受到金融危机的影响，受到经济危机的影响，还有欧债危机……你会看到欧洲内部的分化还是比较严重。只有少数欧盟国家在金融危机之后仍然保持了增长的态势，而且这几个国家当中只有一个国家是增长得好的，就是德国。

德国的 GDP 占欧盟 GDP 总和的 19%，占欧元区 GDP 的 28%，而且德国经济还在增长，比重还在上升。

很多的指标能够告诉你德国真的很不错，很成功。比如我们的外贸有声有色，经常项目有盈余，而且财政和公共财政体系是稳定的，失业率是在下降的——你知道很多发达国家失业率在上升，我们的股票市场是比较繁荣的。而且很多人认为德国是安全的投资目的地。

你可以看到在全世界大的经济体当中，也只有两个国家是有持续的贸易盈余的，一个是德国，一个是中国。你看经常项目，同样又是中国、德国，再加上日本有强劲的盈余。这就意味着中国和德国可以相互比较，同时两国都很有竞争力。

由图 4 可见，最有力的是左上角的那些国家，它们的公债总量比较低，而且国家的赤字比较小，其实很少有大国能够处在左上角的位置。左边还有一些是新兴经济体。右边这些国家有大名鼎鼎的日本、美国等，这些国家的公共债务远远在德国之上，而且它们每年新增的债务数量也很高，所以它们的债务水平只能恶化，而德国的公共债务状况越来越好。

我们再看一些真正的差别。新兴经济体的公共债务在下降，而发达国家公共债务在上升。这就意味着发达国家处在不利的境地。比如说有人做过研究——两个世界银行的经济学家做的研究——发现哪个国家的公共债务是 90％，那么它的经济增长肯定是很慢的。可以这么说，德国的公共债务甚至还在下降，而且是在 80％以下的水平。

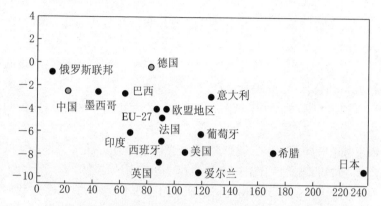

图4　2012年各国财政赤字以及公共债务总额占 GDP 比重

资料来源：国际货币基金组织（IMF）

我们看德国的联邦政府的预算，它会从 2015 年转正，有盈余。就德国的总体状况而言，我们仍然是正的。我们公共债务也好，家庭债务也好，都是积极向上的。再来看德国地方政府的预算情况，都是正的，就是有盈余，不是赤字。其中一个原因就是德国人非常讲团结，非常讲求共识。如果你把德国和其他国家比，你会发现其他国家的公共财政状况往往很糟糕，或者至少不像德国这么稳健。

再来看德国的就业状况。很多发达国家失业率都是上升，只有德国，结构性失业率是在下降，就业人数已达到历史最高水平，现有 4 100 万全职员工，劳动力大军是空前的。这当然得益于强有力的政治改革，得益于国家经济绩效的提高，也得益于我们的社会共识体系或者社会共识的文化。

股票市场情况呢？德国怎么吸引外来投资？所有欧洲国家都能吸引很多的外来投资，这是很不错的。当然没有中国吸引的那么多，但还是不错。

动力

讲了德国这么好，到底是什么原因呢？我觉得可以总结为三大原因。

第一个原因，就是我们的社会政治架构。德国的社会政治架构非常独特，在西方也都是独树一帜的。

第二个原因，我们有很好的工业政策或者说产业政策，而且我们有世界一流的企业，企业竞争力非常强。当然这些因素之间本身有密切的联系。这有事实作为证据，而且可以推断出来。

德国的政治社会架构可以总结为社会市场经济，不是社会主义市场经济，是社会市场经济。所谓社会市场经济，它的理念就是我们应该充分享受自由市场经济带来的好处，包括竞争的活力、自由的竞争。但与此同时，我们对自由市场还是应该有一定的限制。这个限制是为了造福整个社会，也是造福社会当中的每一个公民，尤其是那些处于弱势地位的人群。

德国的基尼系数（0.28），一方面表明我们的财富仍然是有分化的，收入是有差别的，但这种差别比大多数欧洲国家都要小，当然也比美国、中国要小。这意味着德国的社会市场经济是成功的，它一方面保证国家经济进一步发展，以及有良好的绩效，与此同时又能够极大地减少社会动荡。

可以说德国的文化传统很讲求共识，尤其是在雇主和工会，雇主和员工之间，我们有一种四方决策的模式，这在全世界很少见。你会发现德国企业董事会的成员包括工会的代表。而且，你也会发现，每年德国的罢工很少，几乎不存在。而其他国家的社会动荡要严重得多。

所以，我们的工会成本在过去十年当中增长非常缓慢，或者说，劳动力成本增长缓慢，而其他国家劳动力成本增长了 25%、30%。这意味着德国的竞争力非常强，产品价格很有竞争力。

如果德国也出现了一些问题，怎么办？你可以看到德国这种模式有自我改革的能力。也就是说问题出现了，就要去改革，改掉不合时宜的做法，改掉一些偏见和傲慢，比如，德国的福利制度改革，极大地改革了劳动力市场，增加了它的灵活性，也减少了保护主义的倾向。福利改革意味着德国人的福利水平有所下降，比如，推迟了领养老金的年龄，降低了养老金的水平。此外，德国也进行了税制改革，使企业税和直接税下降，同时间接税有一点上升。我们还进行了医改，把劳动力成本和医疗成本分割开，这很重要。以往人们会认为卫生费用、医疗费用成本雇主负担 50%，这样医疗成本就成为了劳动力成本的一部分，其实这会降低德国企业的竞争力。但我们在 1999 年就开始进行了改革，2005 年已经改革得非常成功。

所以你就知道德国经济有这种自我改革的动力和能力，而且每次改革都很成功。而且改革之后，整个社会更团结了。

第三个原因，德国人非常致力于维护社会的稳定。

德国人还非常尊重自然资源，敬畏大自然。世界上的"绿党"就是在德国诞生的。在德国，环境保护和绿色经济这些观念深入人心，而且政党也都对此深信不疑。德国社会对走绿色发展道路早有共识，德国现在已经在逐渐淘汰放弃核电——当然这是不是聪明的举措，现在判断为时过早——不管怎么说，德国人已经下了决心，就是要逐渐放弃核电，转为更多地依靠可再生能源。德国对于绿色科技的发展制订了很多政策，从而使得德国的绿色科技在全世界市场上都非常有竞争力，进一步推高了德国的创新水平。垃圾回收、资源回收再利用在德国也有声有色，政党非常支持。还有清洁水的政策都执行得非常到位。

还有一点，德国的产业政策是健康的，是良好的。产业政策是一个国家经济发展的基础，起码在德国是这样。看看德国制造业的发展，加上建筑能源这些行业，你会发现其实在德国的总体经济当中，德国的制造业所占的比重在发达国家几乎是最高的，其他的国家只有中国在 GDP 当中制造业占比是比较高的。这些实业对国家来说是非常重要的，因为有了制造业才能够带动创新，带动直接的投资，并且它能够带来高附加值的工作、高薪的工作。投资环境当中有扎实的制造业，就可以带动一些服务业的发展。过去十年，德国是唯一积极发展制造业的大国，其他的国家可能在不同的发展阶段，比如波兰，但德国有意识增加经济体当中制造业的占比。其他很多国家开始出现了去制造业，去工业化的现象。

另外，我们也有非常高竞争力的科研环境，我们研究的结果也非常独树一帜。大学占了所有科研的 20％，企业占了所有科研的60％。而这些各式各样的研究机构——其中包括基础研究，像司马克、波斯朗科，还有一些做应用科学研究的弗兰霍福机构，这些都是大家耳熟能详的著名德国研究机构——与优秀的大学进行合作。这种通过研究机构带来的研发动力也是我们 GDP 增长的重要动力。

我要特别强调的是德国的学制是世界上最好的。不能够只看德国的基础学校，也不要只看德国的大学教育，要看整个德国总体的教育。你会发现，它整个教学体系当中所包含的职业教育，事实上为我们带来了世界上最高质量的生产力以及劳动力。每一个学生都必须在工厂或者服务业的任何地方进行他的三年学徒计划，这样可以帮助年轻人在完成学业的时候能够迅速就业。这种双轨制的教育培训和教育体系是从 1880 年开始。当然这需要花很长时间才能建立起这个架构，但是我认为这个是我们成功的一个关键因素。

另外我们的基础建设也是竞争力的主要基石。大家可以看到德国在一些基础建设方面的排名，比方港口、机场方面我们是世界排名第一，基础建设不仅仅是一个国家生活质量的重要指标，同时也是优秀生产力的重要指标。

在德国，工业政策与企业、商界之间有着密切的联系与合作。产业政策的目的就是希望能够扶植企业。比如，西南边有重要的、130 年的汽车生产基地，还有在巴伐利亚地区，我们建立起不同的产业聚集区。在汽车工业基地，你可以看到有汽车工程设计与制造,还有各种零部件的供应商都集中在这里,德国的各州各省都希望能够建立起自己的集聚优势。巴伐利亚是一个很好的例子,它不仅仅关注新的行业,同时关注相关的研究、培训以及新企业、新业态的相关信息。还有新兴企业,比如先进材料、生物相关的行业、生计相关的行业。

讲到数字化时代,数字化并不等同于做互联网,因为工业以及制造业其实可以通过数字化带来很大的效益提升。地方政府起到了很好的推波助澜的效益,推动各地各州做各式各样的积极研究。所以我们看到西门子这样的企业也在与地方政府合作的范围之内。企业可以获得政府的支持,包括贸易融资等等。

不管是商务部长或者是总理带团到中国的时候,我们都会组成商贸代表团,里面一定有三分之二都是来自于中小企业的代表,并不是说每一次进行国外的访问带的商贸代表团里面全都是知名大企业。因为政府认为,要塑造德国未来的商界,必须关注这些中小企业。

另外我们在 80 个国家有超过 120 个德国的外贸中心,有 220 个德国驻外使馆和领馆。德国人非常重视这种商展的经验,汉诺威、法兰克福的商展都是大家非常重视的知名商展,这也是我们积极推行的,希望企业能够尽量参加各种各样的商展。

我们还成立了德国贸易及投资署,在世界 120 多个国家都有办公室,因为我们认为这个世界更多的是中小企业,它们占德国产值当中的 70%,而它们其中有一些还是很有规模的企业,差不多有 200 多家在世界各自的领域当中已经占有桥头堡的位置。它们平均出口达到 60% 的附加值,而且总值已经达到 3 000 亿欧元,它们不仅仅是德国经济的支柱,也是德国出口的支柱。

由于商业不断推陈出新,我们也看到德国总的创新能力不断提高。这个是以每 100 万人口当中所拥有的专利数来做出的统计,德国的确已经站在世界的前列。

我们也强调劳资双方以及工会之间要有和谐的关系。刚才我说过,我们的工会是不鼓励罢工的。我们的工会并不是单方面去鼓励工资上涨，这就能让我们在工资上涨方面的控制工作做得特别良好，我们因此能够相比其他政府占有极为良好的工资优势。

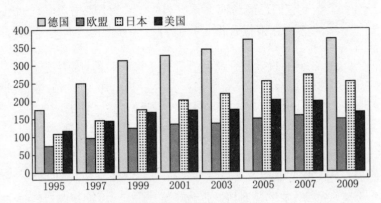

图 5　每百万人口专利数

数据来源：本文作者自制

另外德国的出口是非常分散的，分散到世界各国。75％的业务都来自海外销售。像林德、西门子，它们 80％以上的业务都来自海外业务。可以看得出来，德国的企业业务组成非常分散，而且它所覆盖的行业也非常广，包括汽车、机床、机械以及其他各方面的科技领域，这个是我们走在前列的重要原因。

现在出口的行业当中，出口的产品都是新兴市场当中做基础建设的时候必不可少的产品，可以看得出来不仅仅是德国出口的占比非常高。还有我们出口面向的地区越来越广，2000 年我们差不多 63％是在欧盟以内的，但是现在在欧盟以内的出口已经降低到 57％。我们不仅产品非常分散、多元化，而且我们出口的产业也非常分散、多元化。

还有一件事情，我们中小企业的融资能力非常好。顾问公司出版的一本书里面说到企业的三大支柱，一般说企业储蓄市场 47％到 48％，通常由大的德意志银行垄断，还有一些小银行更能够满足中小企业的需求。中国没有类似德国的融资结构，但是中国的进出口银行或者中信银行也许可以扮演这样的角色,中信银行可能对中小企业有更好的了解,也可以更好地支持中国的企业。当然大型企业它们已经与四大行有很多的合作,就相当于它们已经与德国的德意志银行合作。我们要更多地服务于中小企业的商行。

异同

中德之间是不是有一些相似性呢? 我们的确有差异处,但我们也找到了一些共性。

过去五年,中国政府再次强调社会的和谐,再次强调对科技创新的重视,对教育、基础设施以及各种行业、工业的附加价值的重视。中德两国都开始更加重视它们的产业政策,而且我觉得它们对产业政策的看重、提升是非常恰当的。

当然德国很多企业比中国企业更国际化,就是因为它们出口的历史比较久,可能在 20 世纪初的时候就开始出口。中国的出口可能只有过去二三十年的经验,但是再过二三十年我们会看到中国有更多跨国企业,甚至跨国企业的数字会超过德国和欧洲。

我们要向世界展现的就是,这两个国家都愿意进一步地坚持改革,为国家、为人民作出更多的贡献。

2013 年 4 月 28 日《东方早报·上海经济评论》

德国经济为什么这样强

杨佩昌/*留德学者*

德国已成为抵挡欧债危机的中流砥柱。德国经济稳定增长的因素是多方面的,其中有德国良好的经济基础、高素质的人员、拥有核心竞争力的产品和技术等,但不可否认的是德国政府施政措施的从容与恰到好处。这种从容与恰到好处的做法源于何处? 这首先得从德国历史特别是制度创新和具体的施政策略中寻求答案。

社会市场经济的基石

经济制度的选择远比解决个别实际问题意义更重大,一个良好的经济制度会为经济发展创造良好的制度环境。因此,二战结束后,对德国而言,关键是选择什么样的经济制度。

当时的联邦德国存在两种经济制度选择,即社民党的“社会主义”方案与基盟党的“秩序自由主义”方案。鉴于联邦德国公众对苏联计划经济模式的恐惧和美英法占领当局的关键态度,联邦在选择何种经济制度的问题上,已经不是“要不要市场经济”的问题,而是“要什么样的市场经济”的问题。也就是说,联邦德国的经济体制首先应该体现于承认“个人选择的自由”、“企业经营的自由”和“企业之间的自由竞争”,这三点是市场经济的基本特征和前提条件。对此,联邦德国各派政治、社会力量之间,并未出现激烈的争议。因此,在承认市场经济的基础上,各方关注的焦点是"国家在经济生活中应该发挥什么样的作用,发挥多大的作用"。各方的观点五花八门,但归纳起来主要存在两种不同的思想主张:新自由主义方案和社会主义方案,它们在市场与计划之间分别代表了两种相对极端的观点。而新自由主义的观点以秩序自由主义的弗赖堡学派最有影响力。

经过激烈交锋,以艾哈德和米勒-阿尔玛克为代表的"社会市场经济"方案逐渐得到广泛认同,尤其是美国占领当局的认可。随着信奉新自由主义的艾哈德被任命为英美占领区经济管理局主任,"社会市场经济"理论成为了双占区经济政策的指导思想。于是,关于联邦德国经济体制选择问题的争论也暂时画上了句号。

这一制度致力于实现下述目标:"第一,通过建立自由的市场经济,并且采取相应保证措施以防止产生专政,国家计划化、经济管理已经由于工业卡特尔化而造成的私人垄断,目标是实现尽可能广泛的经济发展。第二,建立能正常运转的货币秩序,以保证价格稳定。在私人经济创造奇迹的国家应保持货币一定程度的稳定性以及通过不同的国家措施保证市场的竞争和经济的稳定。第三,实现社会安全、社会公平与社会进步。主要手段是,促进经济增长,即不断扩大社会财富,国家对收入与财富进行再分配。同时为加强社会团结,如果由于竞争而产生较大收入差别,则通过累进税率缩小这一差别,而同时又不至于影响贯彻刺激生产的原则。"

社会市场经济体制的核心是保持稳定物价和维护市场的自由竞争,为此,联邦政府修改和颁布了以下几项法律:首先,联邦政府在 1957 年对 1909 年制定的《反对不正当竞争法》进行重新修订,明确规范市场竞争秩序,对各个经济领域内的竞争规则和竞争秩序作了具体和明确的规定。其次,1957 年艾哈德政府颁布《反对限制竞争法》(即《卡特尔法》),其任务是尽可能地保护有效竞争,排除阻碍市场自由竞争的一切因素,核心是保护市场竞争的公平和自由,防止企业或个人通过不合法的方式、手段来限制和妨碍市场竞争的公平性。

再次,在确保市场自由竞争的同时,联邦政府致力于规范金融市场秩序。艾哈德认为,物价稳定对经济发展至关重要,没有稳定的物价,经济繁荣就不可能持续。物价稳定的关键是保证货币金融稳定。1957 年 7 月《德意志联邦银行法》颁布,鉴于德国历史上曾经出现的两次灾难性的通货膨胀,防止货币政策受到政治和利益集团的影响,因此必须保证联邦银行的独立性,于是根据该法的规定,德意志联邦银行是联邦德国的中央银行,它的最高权力机构为德意志联邦银行中央委员会,该委员会由联邦中央银行行长、副行长、理事会成员和州银行行长组成,联邦中央银行行长由联邦政府推荐,总统任命,任期为八年,并且行长的任期不受政府更迭的影响。艾哈德通过这样一个中央银行机构及其功能,力图在全国范围内能稳住金融市场,保持货币稳定,以稳定物价。艾哈德甚至把稳定货币上升到维护人权高度:"我们有理由把货币稳定纳入基本人权范围,每个公民都可要求国家来维护这种权利。"

由于社会市场经济是一个与德国具体现实较好结合的产物,因此对经济发展起到了良性作用,艾哈德的政策也起到明显效果。从 1951 年开始直至 20 世纪 60 年代中期,德国创造了"德国经济奇迹",物价上涨速度缓慢,同时保持了经济较快增长。在联邦德国成立后短短 15 年间,德国国民收入稳步提高,成为西方发达国家楷模。到了这个时刻,艾哈德已经可以自豪地说:"这种社会市场经济政策向全世界证明了,它的自由生产竞争、自由消费选择以及自由发展个性等基本原则保证比任何官方的控制或统制经济取得更好的经济和社会效果。"

德国经济稳定增长,表明社会市场经济是成功的体制。尽管有波折,但就像德国总理默克尔说的,"社会市场经济尽管经历了各种波折和误会,但市场经济在德国人心目当中,依然是个成功、可信赖的体制。"迄今,德国社会市场经济体制仍在正常发挥作用并在全世界获得极高声誉。

《稳定与增长法》

20世纪50年代是艾哈德的时代，是联邦德国创造奇迹的年代，这是艾哈德本人的成功，也是社会市场经济理论的成功，同时也是联邦德国全体人民共同努力的结果。但是，经过15年的经济增长，由于经济政策未能及时调整，无法适应当时的内外部环境变化，结果导致通胀率连续两年超过4％，马克开始大幅贬值，局部出现经济危机，艾哈德的经济政策开始受到批评，也直接导致了联合政府的执政危机，为社民党执政做铺垫。

社民党上台后，改变了基督教民主联盟纯粹的稳定路线，转而实行稳定与增长并重的政策。换言之，政府的职能并不仅限于保护市场的自由竞争，维护经济的稳定，且应在此基础上刺激经济的发展、促进经济的持续增长。

刺激经济增长的法理依据来自于《稳定与增长法》。1967年6月8日联邦议院通过《稳定与增长法》，同年6月13日公布并施行，其精髓是凯恩斯主义色彩的"总体调节"理念：首先在联邦层面上，国家不再扮演一个"家庭好父亲"的角色，即在经济困难时节约、在经济景气时出手大方。因为这种顺周期的行为一方面可能加剧危机，另一方面也可能造成经济过热。相反，该法规定了反周期的经济政策，在需求减弱的情况下，国家应该通过总体调控的工具来平衡需求，采取直接的景气刺激和促进就业的措施，同时，国家增加公共投入，增加额外的信贷来支付刺激经济的投入。另外还可以降低收入税来增强消费者的购买力。而在经济景气时期则要抑制需求，比如采取提高收入税的措施。这样的好处是可以防止经济过热，同时能够积攒更多的收入来应对下次可能的经济危机。其次，《稳定与增长法》规定，联邦经济部长、各州经济部长和地方代表组成经济增长委员会。联邦政府在必要的情况下可以强迫州和地方用税收来支付景气平衡基金。这一规定表明，为成功实施总体调节,联邦、州和地方有必要协调一致,采取共同行动。

该法首先规定了反周期的经济政策,即在需求减弱的情况下,国家应该通过总体调控的工具来平衡需求,采取直接的景气刺激和促进就业的措施;第二,国家通过积极的财政政策来增加公共投入,即通过增加额外信贷的方式来支付刺激经济的支出;第三,在经济衰退期间,通过降低收入税来增强消费者的购买力,在经济景气时期则要抑制需求,比如采取提高收入税的措施,这样的好处是可以防止经济过热,同时能够积攒更多的收入来应对下次可能的经济危机。

该法在第一条明确提出了宏观经济的四大目标,也就是通常所说的"魔力四角":价格稳定、充分就业、外贸平衡和适度经济增长。"魔力四角"的核心思想是适度和均衡,兼顾各方的需要,而非顾头不顾尾的发展。

《稳定与增长法》强调经济增长,也考虑到对经济过热的预防措施,第六条第一款规定:"为确保本法第一条的目标,当需求的扩大超过国民经济的承受能力时,联邦政府可以授权联邦财政部长在实施联邦财政计划的过程中要求某些财政支出的使用、(公共)建设项目的动工、设定后续财政年度负担等必须获得其批准。联邦财政部长和经济部长提出采取有关的必要措施的建议。联邦财政部长将该会计年度结余的资金用于向德国联邦银行额外偿还(政府)债务或者提取经济增长平衡储备金。"

《稳定与增长法》很快克服了联邦德国战后的第一次经济危机。《稳定与增长法》是一部完善德国社会市场经济的重要法律,而且联邦德国成为第一个将总体调节目标之间的均衡、经济的稳定与增长政策用法律形式规定下来的国家,它在联邦德国经济史和经济制度史上都具有重要的意义,因此它也被誉为"德国经济政策发展中的里程碑",该法的颁布标志着联邦德国经济政策从重点强调自由竞争到国家对经济进行宏观调控、实现经济与社会和谐发展的转变,《稳定与增长法》对联邦德国社会市场经济体系的完善起到了不可替代的作用。《稳定与增长法》的颁布和实施奠定了联邦德国经济之后几十年的持续稳定发展。即使在当今欧洲经济与社会一体化进程的背景下,德国《稳定与增长法》的精髓深入渗透到欧洲的《稳定与增长公约》,被公认为欧洲经济稳定发展的基石。

正因为如此,当今德国政府的经济政策具有《稳定与增长法》明显的烙印和痕迹。也可以说,严格执行与遵守《稳定与增长法》是德国经济得以平稳增长的关键因素。

适度刺激经济的施政策略

面对世界性的经济危机,德国政府采取了哪些有效策略来加以应对?

首先是采取适度凯恩斯主义的政府干预政策。在经济危机面前,德国政府并不慌忙而乱开药方。如良医,对病人不是用药越多越好,而是非常精准地开方、限制药量。为克服经济衰退,德国政府制订两套振兴经济方案,计划投入财政资金 1 200 亿欧元。但在 2009 年和 2010 年实际投入的资金仅为 800 亿欧元,而同时期美国财政投入的资金为 5 770 亿欧元(7 850 亿美元),中国则为 4 300 亿欧元(40 000 亿元人民币),其他欧盟小国投入的财政资金与其国力相比更有过之而无不及。其结果是,美元急剧贬值、中国物价快速上涨、欧盟小国政府陷入债务危机。因此,从中可以看出,德国政府走的是一条适中的路线,把握好国家干预的分寸和尺度。也可以说,政府作用是必要的,但不能过分迷信。如果政府干预的幅度过大,反过来会对经济造成伤害。

为限制政府干预造成的负面影响,德国政府在经济稍有好转就及时制定退出策略。由于政府过高的债务会拉高利率,造成私营企业融资成本提高,不利于经济的恢复。为此,2009 年 6 月德国政府颁布的《新债务限额》法案规定:联邦政府要将其预算赤字限制在国内生产总值的 0.35% 以内,至迟必须于 2016 年达到这一目标。为实现这一目标，联邦政府必须从 2010 年起每年从联邦预算中砍掉 100 亿欧元。德国联邦议院对政府的决定表示了支持。2010 年 6 月 7 日议会通过的一揽子节约措施，主要是削减社会福利开支，减少政府各部门的预算，从而达到节约的目的。德国政府减少债务的决心给企业界发出了明确的信号：政府支持企业在经济发展中唱主角。正因为如此，德国企业界增强了投资的信心，企业生产步伐从而进一步加快。

其次，限制财政开支，采取适度的金融政策防止通胀。众所周知，通货膨胀的预期会导致企业生产积极性下降，甚至出现囤积居奇的现象。因此，德国政府严格执行低通胀政策，通货膨胀率低于其他欧美主要发达国家，据统计，2009 年德国物价上涨指数仅为 0.3%，2010 年为 1.1%。稳定的物价刺激企业生产的积极性，也提高了居民购买力，形成了生产带动消费、消费促进生产良性循环。

第三，保证中小企业的生存和发展。德国经济发展的主力不是大企业，而是千千万万的中小企业。在这些中小企业中，很多是我们常说的"隐形冠军"，它们的产品要么富有特色、质量过硬，要么拥有独一无二的先进技术。这些中小企业生产的很多产品在全世界具有说一不二的定价权。但是，中小企业最害怕市场的垄断和无序的竞争。为此，德国严格执行《反对限制竞争法》（也被称为卡特尔法）和《反不正当竞争法》，对限制竞争和不正当竞争的行为严格处罚，毫不留情。此外，德国政府为减轻企业负担，对企业雇佣短工给予补贴。据对外经贸大学史世伟教授介绍，当雇主选择短时工作而非解雇人员时，雇员工资的 60%（没有孩子）或 67%（有一个孩子）由政府来支付。企业为雇员缴纳的社会保障费在前 6 个月为 50%，以后为 100% 由国家来支付。雇佣关系从 2009 年开始的，上述补贴适用 24 个月，从 2010 年开始的，则适用 18 个月。2009 年，德国劳动服务局共为短工补贴支付了 50 亿欧元，挽救 30 万个工作岗位，共有 22% 的企业使用了这项补贴。2010 年为此的计划支出为 47 亿欧元，预计保住的工作岗位为 53 万个。实际上会更多,2010 年第一季度就有 60 000 家企业的 85 万雇员使用了这项补贴。可以说这项政策用较小的成本,获取了很大的收益。

德国政府打出的上述"组合拳",一方面减少了政府的财政赤字,保持了政府债务的可控性。另一方面增强了企业生产和居民消费的信心,有效地挽回了经济的颓势,使经济得到较快恢复和增长。

德国的启示

综上所述,德国经济稳定增长的基石是可信的社会市场经济体制,而经济持续发展动因则来自《稳定与增长法》的法制框架。当今德国施政策略和措施无不建立在二者之上,主要表现于尊重市场规律,促进市场的自由竞争,保护市场的有序状态。同时,注意宏观经济四大目标的协调,在刺激经济的同时保持清醒的头脑,对刺激经济的措施保持克制而理性的态度,其特点是适度、中庸和平衡。

虽然《稳定与增长法》的精神早已融入欧洲的《稳定与增长公约》之中,但是欧盟其他国家政府并未认真对待,而是根据政治形势的需要而采取了诸多背离《稳定与增长公约》精神实质的做法,其结果造成了目前弥漫欧盟的债务危机。正如德国总理默克尔所说的那样:"欧洲已经到了二战结束以来最危险的时候。若欧元倒下,则欧洲将倒下;欧洲必须以更强的姿态走出这场危机,必须发展欧盟的架构,我们的责任不仅限于本国范围内,我们希望对那些违反《稳定与增长公约》的成员国实施自动制裁。"现在的欧债,其实已经在"有序违约"的道路上越走越远。也许,欧债危机会蔓延到联邦德国,但德国只是被动的受害者而已。即使德国在欧债危机中无法幸免,但是,最先走出这场危机的也必将是联邦德国。

2014 年 7 月 18 日澎湃新闻网

德国模式如何对抗欧债危机

丁　纯/复旦大学经济学院教授、欧洲问题
研究中心主任、让·莫内教授

李君扬/复旦大学经济学院博士研究生

以信奉"社会市场经济"著称的德国在长期的经济和社会运行过程中形成了一系列适合自身发展的特征和模式,为其经济、社会的相对平稳健康运行构筑了良好的框架条件,这在 2009—2013 年的欧债危机中得到了充分的体现。德国因之在欧盟成员国中呈现出经济"一枝独秀"、社会相对平稳的良好局面。本文将探讨其背后支撑德国发展模式的原因,以及德国模式在经过此次危机后的发展前景。

欧债危机中德国经济、社会的良好表现

随着 2009 年欧债危机的爆发,欧盟尤其是欧元区国家受到重创,成为"重灾区",而德国则是"鹤立鸡群",不仅在经济领域"一枝独秀",而且社会局势相对平稳和谐,主要表现在以下几个方面。

(一) 经济表现

(1) 经济总体表现良好

虽然德国经济遭受了欧债危机的严重冲击,2009 年实际国内生产总值同比萎缩5.1%,创下了两德统一以来经济发展的最差纪录,下跌幅度甚至还略高于欧盟平均跌幅;但此后在 2010 年和 2011 年,受惠于德国政府有力的财政刺激政策以及外部需求旺

盛等临时性因素,更主要的是得益于德国发展模式的长期结构性优势,德国经济出现强势反弹,经济同比增长率分别达到了4.0%和3.3%,增速约为欧盟的2倍;尽管自2011年下半年起,由于受欧债危机传染效应的影响,德国也随同其他欧盟国家一起二次探底并于2013年下半年开始逐渐复苏。但其经济增速仍分别达到0.7%和0.4%,明显高于欧盟-0.4%和0.1%的平均增长率。

(2)劳动力市场创造"就业奇迹"

首先,危机期间,欧盟国家平均失业率持续攀升,2013年高达10.9%,25岁以下青年失业率甚至飙升到23.2%。与之形成强烈反差的是,同期德国的失业率却呈不断下降的趋势,从2009年的7.8%降至2013年的5.3%,尚不及欧盟平均值的一半,仅为失业问题最严重的希腊和西班牙的五分之一。德国青年失业率2013年底也仅有7.4%,不到欧盟平均的1/3。

其次,从德国劳动力市场本身的历史沿革来看,欧债危机期间德国劳动力市场延续了2005年以来就业持续改善的趋势,并于2013年开创了两德统一以来的最低失业率纪录。

最后,德国劳动力市场的就业奇迹还表现在,不仅本国就业人数上升,失业率较低,而且开工率足,吸引了大批外来劳力。这可以从流入德国的外国移民的数据得到验证:2010年、2011年和2012年三年净流入人口不断攀升,分别达到12.8万、27.9万及36.9万。而2013年德国的外来净流入人口超过40万,创了20年以来的新高。新流入的劳动力和移民主要来自欧盟东部新成员国以及来自深陷欧债危机的南欧国家。仅在2012年,由南欧四国流入德国的净流入移民人数就达到7.2万人。从移民来源地看,排名前两位的是波兰和罗马尼亚,分别占总移民人数的17.1%和10.8%,匈牙利为5.1%,意大利为4.2%,西班牙为3.5%,希腊为3.3%。外来移民的增加,扩大了生产潜力,缓解了工资增长压力,同时对深受老龄化困扰的德国社会保障筹资来说,也起到了改善人口结构和缓解资金缺口的作用。

(3) 出口旺盛,成为主要增长动力

欧债危机未能撼动出口在德国经济增长中的重要地位。总体上看,德国出口继续呈现高歌猛进的态势:其一,德国出口占 GDP的比重从 2009 年的 33.8% 增加到 2012 年的 41.1%;其二,2013年德国对外贸易顺差达到 1 989 亿欧元,创下历史新高;其三,自2010 年后,出口再次成为德国经济复苏的引擎,在驱动经济增长的三驾马车——出口、投资和私人消费中,其对德国经济增长的平均贡献率远超消费和投资(见表 2)。

表 2 欧债危机前后德国经济增长动力对比(%)

	2005 年	2006 年	2007 年	2008 年	2009 年	2010 年	2011 年	2012 年	2013 年
私人消费	0.1	0.9	−0.1	0.4	0.1	0.6	1.3	0.4	0.5
投资	−0.3	1.5	1.6	0.1	−2.8	1.4	1.1	−0.9	−0.2
出口	3.0	5.4	3.6	1.3	−6.3	6.4	3.8	1.6	0.4

资料来源:德国联邦统计局,http://www.destatis.de/,2014 年 3 月 10日访问。

(4) 政府赤字和公共债务增长较为温和

欧债危机爆发后,大多数欧盟和欧元区成员国都经历了经济衰退并为此实施了大量追加的财政刺激措施,财政赤字和公共债务因之显著恶化。而德国尽管在危机初期也采取了财政刺激举措,财政赤字率从 2009 年的 3.1% 上升为 2010 年的 4.2%,超过《稳定和增长公约》规定的 3%,公共债务占 GDP 的比重亦从危机前不足 70% 攀升至 2010 年的 82.5% 的水平,越过了 60% 的红线。但较之其他成员国,德国财政赤字和公共债务的比率明显低于欧盟平均水平,更不用说深陷债务危机之中的外围国家(亦称 PIIGS国家)。(见表 3)

表3 欧债危机前后德国和欧盟公共债务和
财政赤字占国内生产总值的比重(%)

	财政赤字的 GDP 占比				公共债务的 GDP 占比			
	2009 年	2010 年	2011 年	2012 年	2009 年	2010 年	2011 年	2012 年
德 国	−3.1	−4.2	−0.8	0.1	74.5	82.5	80.0	81.0
欧元区	−6.4	−6.2	−4.2	−3.7	80.0	85.4	87.3	90.6
欧 盟	−6.9	−6.5	−4.4	−3.9	74.5	80.0	82.4	85.2

资料来源:欧盟统计局,http://epp.eurostat.ec.europa.eu,2014 年 3 月 3 日访问。

(二) 社会方面表现

(1) 劳资关系较为和谐

尽管欧债危机恶化了各国的经济和就业状况,但德国社会形势总体表现平稳,尤其是劳资关系较为和谐,这从罢工人数和因罢工损失的工时数这两大指标可以得到清晰的验证,危机爆发后无论是罢工还是因之损失的工时数均有所下降而非上升。

(2) 社会贫富差距缩小,财富分配趋于相对平均

尽管在欧盟和其他发达国家中,德国社会的贫富差距相对较小,但自 20 世纪 90 年代开始出现分化苗头,进入 21 世纪后扩大之势加速。以低于社会人均可支配收入的 60% 作为贫困的判定标准,21 世纪初德国约有 13% 的贫困人口,2007 年上升至20.6%,达到了 21 世纪以来的新高。

然而,欧债危机爆发后,情势有所变化。贫富分化持续加剧的趋势得以中止,贫困人口占比出现了小幅下降:2012 年德国的贫困人口占比为 19.6%,而 2009 年的相应比例为 20%。而同期,欧盟及欧元区总体贫困人口占比在 2010 年以后持续增加。

自欧债危机爆发以来,德国的贫富差距出现了明显收敛的趋势。以不同收入人群收入比来看,最高收入的 20% 人群与最低收入的 20% 人群收入比由 2009 年的 4.5 倍缩小到 4.3 倍。而以全面衡量社会收入差距最具有代表性的基尼系数来看,结论也是如

此，从 2008 年 30.2％下降到 2012 年的 28.3％。

德国模式在欧债危机中的作用

欧债危机期间德国经济表现良好、社会状况平稳绝非偶然，其背后有着一系列国内外、结构性和临时性的因素，其中长期以来逐步形成的德国经济、社会发展（特点）模式的作用无疑是首屈一指的主要原因。

德国模式在经济方面主要体现为以制造业为本、坚持出口导向和出口区域多元化、重视职业教育和产学研相结合、鼓励创新、恪守平衡财政等内容；在社会方面重视建立各社会伙伴间平等参与、积极对话与形成普遍社会共识；在坚持社会市场经济原则的基础上完善和改革社会保障体系；在对外关系方面则始终坚持在欧洲一体化框架内发展，努力推进欧洲一体化。

德国经济社会发展模式的理论依据是德国奉为圭臬的社会市场经济理论，最早可追溯至 20 世纪 30 年代德国新自由主义的理论代表弗赖堡学派的瓦尔特·欧肯等，还有米勒-阿尔玛克等学者及其战后真正的实践者路德维希·艾哈德。这些先哲在某种意义上成为德国模式的实践者和奠基人。社会市场经济理论力求以市场经济为主，倡导自由竞争，给经济以活力；政府只起到维持正常经济社会秩序的作用，做裁判员而非运动员，实施反垄断和反危机举措，主张自由贸易，反对保护主义。同时，强调走不同于完全自由竞争和中央管制计划经济的第三条道路，即"有良心的资本主义和市场经济"，实行社会伙伴间的对话，保护各社会伙伴参与经济以及分配决策的权利，通过形成社会共识来减小实施的阻力；提供社会保障在内的各种缓和社会矛盾的举措，以及分配决策的形成方向并非仅有增加公平这一单行道，亦可随着内、外部经济形势的变化而进行适当调整。

(一) 经济层面

(1) 重视以制造业为基础的实体经济

德国具有重视制造业的历史传统。早在 19 世纪工业化初始阶段,德国就根据自身的自然资源、地理便利和知识结构等要素禀赋,大力发展采掘、冶炼、机械制造等实业;二战后,德国政府继续扬长避短,夯实制造业基础,同时倡导实用技术,在制造业领域形成了以汽车、机械、化工和电气部门为代表的四大支柱产业。目前,这四大产业占德国全部制造业产值的 40% 以上。而制造业提供了全德四分之一以上的工作岗位,占 GDP 的比重超过 30%,分别比美国、英国和法国高出 10.6、9.6 和 11.4 个百分点。该比重在 2001—2012 年间非但没有下降,反而增长了 2 个百分点以上,德国制造业的逆势上扬主要得益于德国对外出口的高速增长,这在服务业占主导地位、服务业比重持续上升的发达国家国民经济中非常罕见。而注重实体经济的德国因此得到了丰厚的回报。在本次危机中,偏重虚拟经济或房地产的国家如美国、爱尔兰、西班牙等均深受冲击。

(2) 坚持出口导向并注重出口地区的多元化

出口是德国的立国之本。二战后,德国长期坚持自由贸易政策,并通过颁布《对外经济法》(1961 年)加以贯彻,鼓励企业自主经营,积极参与国际竞争,优胜劣汰,国家只提供制度框架保证和出口信贷等支持,鼓励德国工商大会等贸易促进机构提供辅助服务。与同样推崇贸易立国的日本形成鲜明对比的是,1980 年代,德国并没有为救出口、保企业而人为抑制德国马克升值。德国企业因之经受住了全球竞争的考验,磨砺出强大的国际竞争力,从而令德国在相当长的时段内保持了世界出口冠军头衔,目前仍位列前三甲。

另外,尽管德国出口以欧盟为主要对象,长期以来占比超过50%,但仍一贯重视出口地区的多元化,此举让德国在本次危机中获益匪浅。欧盟国家、尤其是外围国家深陷债务危机,被迫实施紧缩政策,造成内需乏力,导致德国对这些国家的出口减少。

与此同时,新兴经济体却表现优异,2011 年和 2012 年平均增长率分别高达 6.2％和 4.9％,而发达国家同期增长率仅为 1.7％和 1.5％。经合组织国家 GDP 占全球的比重,已经从 2000 年的 60％下降至目前的 51％,20 年后将进一步萎缩至 40％,令新兴经济体在全球的重要性日益明显。上述此起彼落的结果就是德国出口在危机中出现了一些地区结构性的变化:对欧盟内国家的出口占德国出口的比重虽然仍居 50％以上,但下滑幅度较大,导致德国通过内部贸易产生的顺差在危机期间减小了约 30％,对外围欧洲国家的顺差降幅更大;另一方面,欧盟以外贸易体对德国外贸的拉动作用日渐明显。从德国角度来看,欧盟以外的贸易伙伴的重要性日渐突出,以新兴经济体的代表金砖四国为例,危机中德国对上述四国的外贸逆差缩小了约三分之二,主要是出口增长显著,占德国全部出口的比重从 8.5％上升至 11.6％,进口比重的上升则较不明显。

（3）高度重视职业教育和力促产学研相结合

支撑德国制造业和出口的秘诀就是独具特色的德国双元制职业教育和产学研转化体系。在两至三年双轨制教育模式下,学生在课堂学到的知识与职业训练得到有机结合,毕业后能立即融入职业生涯,从而为德国制造业源源不断地提供大量具有专业技能的实用性人才,保证了德国在生产工艺和产品制造方面的国际竞争力。

德国还建立了政府、高校和科研机构、企业三位一体的实用技术研发与转化体系。企业是技术研发的主体,研发支出占全德科研经费的三分之二,绝大部分的大企业拥有独立研发机构,中小企业则成立联合研究机构以降低研发成本。德国的大学主要从事基础研究,但也承接企业委托研发的任务。德国政府鼓励大学与企业加强合作研发,以早日实现科研成果的产业化。德国联邦教育和科研部国务秘书柯外奈-提伦(Cornelia Quennet-Thielen)2011年就表示,企业界和学术界的合作是德国在危机中比其他国家表现更好的原因。此外,以马普学会（MPG）、弗劳恩霍夫协会

(FhG)、赫尔姆霍茨协会(HGF)和莱布尼茨学会(WGL)为四大骨干的专业科研机构和大众、西门子等公司建立了紧密的合作关系,将研究方向直接定位于企业所需。

(4)积极创新

积极创新与产业不断升级是德国模式保持经济活力的源泉,也是德国政府一贯的政策导向。针对德国经济在 20 世纪 70、80年代石油危机后"南起"、"北落"的趋势,积极推动了产业结构升级,以电子、机械制造、生物技术等高新科技为引导,在慕尼黑、斯图加特等南部地区缔造了德国版的"硅谷",而在北部传统经济区则尝试产业结构转型,比如鲁尔区从典型的重化工业区转变为第三产业、信息产业和现代物流产业并重的新兴产业带;自 20 世纪90 年代起,面对全球化的竞争压力,德国这艘"创新之舟"再次起航,大力促进高新产业发展,如 2000 年通过了《再生能源法》,2004年正式启动"主动创新"战略等。欧洲债务危机爆发后,德国经济虽然表现良好,但德国政府居安思危,在危机中进一步加大了对创新的扶持力度。具体措施为:

第一,明确战略规划。德国于 2010 年 7 月通过了《德国 2020高技术战略》,汇集了德国联邦政府各部门的研究和创新举措,重点关注气候与能源、保健及营养、交通、安全和通信五个领域。其主要措施包括:加强教育和培训,吸收国外技术人才,增加对东部地区的支持,财税制度上向创新倾斜,积极开展同欧盟,美国等的研究合作等。

第二,培育高新行业。为了培育国内风电市场,德国政府从21 世纪初起对风电上网电价给予政策关照,对其他可再生能源也同样积极扶持;2012 年 5 月修改了《电信法》,促进高速网络的建设;鼓励国际合作,如德国电信及其他德国企业与科研院校于2012 年加入欧盟组织的 METIS2020 计划,开展 5G 技术的研究,2013 年 3 月英德两国亦合作进行类似的研发;至 2016 年为氢燃料电池的研发提供 7 亿欧元等。

第三,扶持创新企业。德国中小企业林立,占德国企业总数的

99％以上，不仅吸收了 70％左右的就业，更是德国创新的生力军。它们贴近市场，反应敏锐，约有 75％的专利来自于这些企业。为了进一步加强扶持力度，德国政府一方面成立了风险资本投资补助基金，四年内累计投入 1.5 亿欧元，任何投资于新设立的创新性企业的私人资本，都可以在企业创立三年后从该补助基金获得 20％的报销；另一方面，继续执行中小企业创新计划（ZIM），仅在 2013 年就投入了 5 亿欧元资金，任何 500 人以下的公司都有资格申请。

第四，提高德国高等教育的创新能力，包括增加英语课程数量、课程设置更为灵活、基于精英大学计划为顶尖大学提供资金资助以促进大学的跨学科研究和国际化水平等；2012 年 12 月 12 日，德国开始执行《科学自由法》，简化科研管理体制，赋予大学以外的学术机构在延揽人才和科研经费运用方面更多的自主权；继续开展 EXIST 创业扶持计划等促使科研成果尽快转化为生产力。

（5）平衡财政

德国具有采取审慎财政政策的传统。根植于秩序自由主义理念的德国社会市场经济，反对在经济衰退过程中实施扩张性财政与货币政策，更偏重于结构调整以增强竞争力。虽然在危机前期德国政府亦被迫实施财政刺激政策，包括 2008—2009 年两轮共计 800 多亿欧元的财政刺激计划，以及政府出资救助陷入困境的银行等。然而对比欧洲其他主要国家，德国的救助计划规模较小。当德国的赤字规模在危机首年 2009 年超过 3％、2010 年又将面临超过 4％的尴尬时刻，默克尔政府及时调整政策，于 2010 年 6 月宣布了财政稳固计划。按照上述计划，截至 2014 年，德国将削减高达 800 亿欧元的财政支出；同时强调德国将致力于满足德国宪法关于严格预算纪律的要求，并且承诺至 2016 年，德国的结构性赤字不得超过 GDP 的 0.35％；此外，还规定各联邦州至 2020 年必须实现预算平衡，市政当局不允许因日常支出短缺而借债，社保基金也不被允许对外融资，其资金短缺将通过财政转移或提高缴费率来弥补等。

(二) 社会层面

谋求社会伙伴之间的共识是德国模式在社会领域的重要特征。

政府、雇主联合会、工会等都是平等的社会伙伴,遭遇重大事件需要各社会伙伴通过协商来解决而非单纯通过政府行政命令、资本意志或罢工等来决定。在德国企业中,有相关的《参与决定法》可循。工会不再是破坏性力量,而是促进企业发展的建设性因素,通过和资方协商达成协议工资的方式来保护工人利益同时兼顾企业的长远发展。因此在宏观层面,尤其当德国遭遇发展困难时,易于达成全民改革共识来重获发展动力。最鲜明的例子就是两德统一以后,德国在全球化的竞争压力和老年化的社会压力下,以"三高"——高工资、高福利和高成本为特征的福利社会模式遭遇发展瓶颈。有鉴于此,德国上下一心达成共识,缩减工资上涨,改革社会福利和劳力市场制度。施罗德政府执政时期,在《2010改革议程》框架下施行了一系列以促进劳动力市场灵活性(四部《哈尔茨法》)和社会保障体系(养老、医疗等)投入产出效率为核心的经济社会改革措施。以劳动力市场为例,具体改革举措包括:消除体制壁垒、放松雇用和解雇限制;创造各种低薪的临时性工作;改革失业救济制度,合并失业和贫困救济,并将救济金领取和强制就业相挂钩等。通过这一改革,德国以压低劳动力成本为代价获得强大的国家竞争力,支撑起以出口导向为引擎的德国经济的高速发展,同时大幅降低了失业率,得以安然度过危机。德国联邦议员米夏埃尔·施莱西特(Michael Schlecht)就认为,与 2000 年相比,虽然德国的生产率增加了,但是职工所挣的工资反而减少了,一直到 2010 年,德国的工资上涨情况在欧洲始终处于末流。莱森比彻勒和摩根(Alexander Reisenbichler 和 Kimbedy J. Morgan)也认为,德国出口导向经济获得增长的因素,不仅是财政保守和结构性改革,更重要的是商业和劳动力关系的调整。

这一事关危机中德国经济社会良好表现的改革之所以取得成功,是德国社会多方共识和智慧的结合,缺一不可:科尔、施罗德和默克尔三届政府超前的忧患意识、广泛征询社会各界建议,努力唤醒德国全社会的改革共识;施罗德等领导人不计个人荣辱,对历史担当的责任感和默克尔不计党派之嫌、从善如流的执政风格;雇员与雇主充分协商、审时度势,尤其是工会愿意牺牲工资和福利等成本的上涨以维护广泛就业和保持德国的成本优势的合作态度;德意志民族言行一致、有令必行的秉性,易于达成共识并利于严格执行。

另外,德国模式中社会保障体系的建立对缩小贫富差距、平衡社会伙伴之间的关系起到了重要作用。俾斯麦时期创建了全球第一个现代社会保障制度的德国所采用的以社会保险为主体的保障体系,被当今绝大多数国家所效仿,并被认为兼顾了效率与公平。以养老、医疗、失业、工伤和护理保险五大社会保险体系以及社会救济和社会福利等部分组成社保体系,支出约占 GDP 的 30%。为德国社会分配的均衡和经济增长提供了坚实的保证和社会避震器。

(三) 欧洲一体化

融入欧洲是德国对外政策的着力点,至今为止始终坚持在融入欧洲和推动欧洲一体化框架下发展。其一,欧洲一体化为德国发展提供了政治庇护,使德国走出发动侵略战争和进行种族灭绝的"原罪"阴影,打消欧洲邻居的疑虑,重新融入欧洲大家庭,争取到了极大的政治和经济发展空间;其二,欧盟是德国主要的贸易市场和投资目的地,欧盟的人口接近 5 亿,经济总量为世界第一,内部贸易额约占世界贸易总额的五分之一。近年来,虽然欧盟内部贸易占德国贸易总额的比重不断下降,但是 2012 年进口比重为 56.1%,出口比重为 57.0%,仍然超过德国外贸的一半,是德国经济发展的重要依靠;其三,共同货币欧元的诞生又给德国经济的发展添加了助推剂。德国的先进商品、技术和充裕资本可以更方便地进入欧元区国家。对欧元区内的弱势国家如希腊等,德国可以在单一货币欧元下,依靠其优势的劳动生产率取得实际上的相对汇率贬值,扩大出口(见表 4)。另一方面,对欧元区外的国家而言,相对马克显得弱势的欧元使德国得以享受货币变相贬值的益处,有利于德国向欧元区以外国家出口,这一优势由于危机中欧元汇率的下跌得到更大的发挥。据德国最大保险公司安联集团(Alli.anz)宏观研究部门估算,美元升值为德国出口的增长贡献了3%或4%,而日元升值贡献为近1%。

表4　2001—2012年欧盟部分国家劳动生产率(单位:欧元/小时)

国　　家	2001年	2002年	2003年	2004年	2005年	2006年	2007年	2008年	2009年	2010年	2011年	2012年
德　　国	38.2	38.7	39.1	39.4	39.9	41.3	42.0	42.0	40.9	41.7	42.4	42.6
欧　　盟	28.5	29.0	29.4	29.9	30.3	31.0	31.4	31.3	30.8	31.5	32.0	32.1
欧元区	33.7	34.1	34.3	34.7	35.0	35.8	36.2	36.2	35.8	36.5	36.9	37.2

资料来源:欧盟统计局,http://epp.eurostat.ec.europa.eu,2014年3月3日访问。

德国发展模式的前景展望

目前,欧债危机已经基本结束,但全球和欧洲经济复苏非常缓慢,民众疑欧情绪上升等问题依然突出。在德国国内,尽管目前良好的经济社会发展势头依然持续,但有关最低工资规定以及德国在欧盟中角色的反思和辩论也在如火如荼地展开。在此背景下,德国经济、社会发展模式的前景如何?笔者认为,德国经济和社会发展将会保持目前的积极势头,但在危机中大放异彩的德国发展模式于总体持续发展的同时也将面临一定的挑战。

(一)出口导向型实体经济作为德国模式主要特征和在危机中呈现的"亮色"可谓功不可没,但从后危机时代来看,机遇和挑战并存。

从有利因素来看,一方面,危机过后,世界经济普遍转好,美、日经济向好,尤其是占德国外贸近50%的欧盟和欧元区逐渐复苏,欧洲国家也开始逐步摆脱危机的拖累,爱尔兰和西班牙分别于

2013 年 12 月和 2014 年 1 月正式告别欧盟的救助计划,重获新生;以中国为首的新兴经济减速,但下调幅度不大,为德国巩固和拉伸出口提供了持续需求和动力,特别是汽车业的良好出口趋势最为明显;另一方面,德国在欧盟框架下积极推动对外贸易和投资的多元化,与新加坡、韩国等已经达成自贸区协定,同时和美国正在紧锣密鼓地进行有关跨大西洋贸易和投资伙伴协定谈判。一旦谈妥,会对德国出口能力的提升产生很大影响。据德国国际与安全事务研究所的研究报告,如欧美间关税降低 98%、货物和服务领域非关税壁垒减少 25%、政府采购领域非关税壁垒降低 50%,欧美 GDP 则将分别增长 0.48% 和 0.39%,而且跨大西洋两岸经济的进一步融合可以提升欧美与中国、印度等新兴经济体抗衡的竞争优势。不可忽略的事实是,2012 年,美国是德国仅次于法国的第二大出口目的地和顺差来源国。此外,欧盟和日本的洽谈也已开始,与中国则正在洽谈《双边投资协定》。上述因素显然有利于德国出口的多元化。

目前,德国经济增长的动力有所变动,出口依然是主力,但经常项目顺差在下降,同时私人消费尽管增速有限,但在 2012 年开始逐步回升,预计 2014 年和 2015 年将提速为 1.3% 和 1.6%。而且,基本不依赖出口的建筑业也出现增长,从侧面证实了内需的逐步增长已露端倪。同时,德国政府积极鼓励实现增长动力转型。2013 年 2 月,默克尔在"五贤人"委员会的"生日"庆祝会的发言中明确提出,通过刺激内需来化解外部失衡是德国政府目前的政策。联邦政府在 2013 年度《竞争力是德国和欧洲增长与就业的关键》的经济报告中也指出,今后德国经济的活力将主要依靠内需来推动,包括个人消费的增加和私人住房领域的投资。为达此目的,德国政府在收入分配方面向劳动者有所倾斜,保证民众的实际收入增长幅度不低于劳动生产率的上升幅度。

还须一提的是,经历了欧债危机,德国比以往更加意识到创新对维持经济增长的重要作用,且相比其他欧洲国家更快地付诸行动。这将深化德国模式重视科技创新的特点,德国将按照"欧洲

2020战略"所倡导的灵巧增长目标以及通过实施"数字欧洲"等项目,强化和引领本国在后危机时代的灵巧型经济增长。

与此同时,一系列挑战也日趋凸显,主要表现在:一是工资上升快,劳动力成本趋高。2007—2012年,德国平均工资上涨了10%,在2010—2013年欧盟国家实际工资变化排名中,德国是成员国中排名上涨第四的国家(28国中共有10个成员国上涨,18个国家下降)。根据科隆德国经济研究所2013年对德国企业家的调查,55%的企业对中长期经济不看好,其中对工资等劳动力成本上升看法悲观是仅次于能源上涨的第二位原因;二是劳动生产率的上涨速度明显落后于工资上涨幅度。德国劳动生产率增速分别从2010年的3.6%、2011年的1.6%下降到2012年的-0.4%和2013年的-0.1%,与欧盟28国平均水平数相比(2.6%、1.3%、0.0%和0.3%)明显落后;三是随着欧盟和欧元区危机的消退,汇率的相对走强无疑也会对德国的出口产生一定的负面作用;四是德国的巨额顺差带来了不小的外部压力,目前顺差占GDP的比重超过7%。而欧盟的宏观经济平衡目标是,成员国顺差门槛不得超过GDP的6%。美国政府也在首尔G20峰会前建议一国顺差和逆差占GDP的比重必须控制在4%以内。除此以外,一些国际组织也多次呼吁德国降低出口,如国际货币基金组织在2012年7月发表的评估报告中认为,虽然德国经济运行良好,但是需要进一步扩大内需,促进国内消费以防将来出口下降而影响到经济增长;五是随着《里斯本条约》的逐步实施,欧盟委员会在对外经贸领域逐步取代了成员国,获得了近乎全部的授权,因此,对外统一谈判和划一的谈判结果与政策对德国而言,并非都是积极的,甚至可能带来束缚。

(二)施罗德时期开始的以压缩社会保障开支、稳定社保交费率的举措曾使德国模式得以轻装上阵,起到促进经济增长的作用,但目前显然遭遇了一定的瓶颈,需改弦更张。

首先,在科尔执政后期、施罗德执政初期,经过领导人的积极引导,在包括工会在内的各方的协力配合下,全国上下以德国人特有的忧患意识和严谨执著，展开大讨论并取得了较为广泛的社会共识，进行了包括实施《哈尔茨法》在内的艰苦改革，忍受了近十年的低工资和福利增长。但随着欧债危机的爆发，民众、尤其是中下层作为此前改革进程中相对的利益损失者，对改革带来的福利下降和社会不公等严重质疑、反应强烈，并获得了相当的社会支持。如对实施《哈尔茨法》的效果的质疑就颇为引人注目。有学者甚至通过实证研究证实，此前实施的旨在遏制劳动力市场的道德风险、合并失业和社会救济的第四个《哈尔茨法》对降低失业的促进作用不到 0.1%，反而带来了社会福利的严重恶化。

其次，欧债危机中德国经济的良好表现特别是出口长期顺差，以及导致欧盟经济和世界经济失衡等问题在国内外遭遇了广泛质疑，出现了与其压低工资和福利去拼命扩大出口，换得无法兑现的被拖欠债权和萎缩的欧盟内部经济需求，不如趁德国经济表现良好之际，提高工资和福利，拉动内需，减少顺差，对内可以提振内需，对外可减少顺差招致的压力的呼声。据米夏埃尔·施莱西特（Michael Schlecht）的估计，"如果为普通民众每人增加 500 欧元的社会保障支出，可额外生成 120 亿欧元的购买力"。

再则，德国国内以基民盟/基社盟和社会民主党互为最大的两大反对党的党派政治为这种转向提供了合适的政治氛围和规制基础。以中下层工薪阶层为主要拥趸基础的社民党利用了要求增加工资福利和改变社会不公的民意呼声，以此作为 2013 大选的主要竞选口号获得了成功，并入主大联合政府成为执政伙伴，为兑现承诺，必定会努力推动其实施。

最后，有关最低工资政策的正式落实，集中体现了民间这种要求改变 10 余年来重增长轻福利、重对外轻对内的状况的诉求。2013 年，新执政联盟通过的最低工资规定不仅增加了工资成本，还可能开启工资和福利上涨的新阶段，同时可以视为德国社会政策取向从紧缩社保开支等部分开始进行社会公平纠偏。原本以"高福利"著称的德国社会市场经济模式并不强制建立最低工资制，而是主张劳资协商。但是自 20 世纪 90 年代起，部分行业开始引入最低工资制,最早在全行业推行的是建筑业(1997年);以后引入的行业逐渐增加,至2013年底,已经有12个行业采用了这一制度。按照当前大联合政府的动议,面对全部行业每小时8.5欧元的最低工资协议将自2015年起生效,但在2017年前的过渡期内,只要劳资协商决定,工资仍可低于8.5欧元。4月2日,德国联邦议院通过了在全德实施最低工资的动议。这一变革预示着德国对近10年来以经济增长为主旨,以控制社保支出和稳定社保缴费为主的社保改革方向的重大调整,其意义不容低估。

(三)危机中德国在欧盟中地位的变化带来欧洲一体化政策的挑战。

作为德国模式主要支柱之一的欧洲一体化政策在危机后如何变动颇受关注。一方面,德国在危机中积极施救和建章立制,危机后随着其在欧盟中的经济实力上升、贡献增大,导致了实际发言权的扩大。

(1)积极参与对外围国家的救助和建章立制

笔者认为,德国应对危机的核心宗旨有三条:一是坚持欧元的存在和维护欧元区的完整,这符合德国的最高利益,也促成了其在危机中的诸多让步。但其惯常的做法是在万不得已做出临时让步时,一定要求对方接受建立新的长期规制,以短换长;二是出于德国自身利益、遏制道德风险的考量,要求摒弃无限制救助的观念,通过建章立制强调各成员国财政自律的重要性,主张实施紧缩政策;三是反对以片面刺激来短期激活经济,而是放眼于提高长期竞争力的内生增长。

因此,德国在救助方面克服了危机初期较为消极的态度,积极参与了对希腊、爱尔兰、葡萄牙和西班牙等国的援助,以提供担保的方式承担了自己作为欧盟最大经济体相适应的救助责任,比如对临时性的欧洲金融稳定工具(EFSF)和永久性的欧洲稳定机制(ESM)的担保额分别达到2 110亿欧元和1 900亿欧元,皆以27%的比重承担了最大担保责任。此外,德国央行通过欧洲央行的 TARGET2 资金清算系统,为其他国家的央行提供欧元贷款,有效解决了这些国家央行的流动性短缺,在危机最高峰的 2012 年 8 月,出借金额达到 7 514.5 亿欧元。

德国在危机救助中尤其注意强调建章立制,倡导"紧缩政策",遏制外围国家的道德风险,充分体现了德国的利益和意志,突出表现在:其一,强调财政自律并强势推进财政领域的一体化。德国力促所有成员国普遍实施财政整肃与促进财政与金融一体化,为此建议修改欧盟的法律,经过多方博弈最终取得了阶段性的成果:巩固财政纪律,推动《六部立法》的通过,进一步强化了《稳定和增长公约》的相关规定,增加了操作性更强的制裁措施,最后以 25 国签署《财政契约》的方式,推动其他成员国仿效德国的做法将财政平衡写入本国宪法或相关法律,坚决反对引进不分责任的统一"欧元债券"(Euro-bond);其二,推出了"欧洲学期机制",通过每年欧盟和各成员国长达 6 个月的反复讨论,确保成员国预算稳健;其三,增强欧盟层面的金融监管,力主推出包括 2011 年 1 月开始运行的以"三局一会"为主要框架的银行、证券、保险的监管和风险预警机制;其四,坚持以接受统一监管为条件,允许欧洲稳定机制救助银行以及设立银行业联盟,在欧盟范围内确立了德国倡导的先监管、后救助的原则;其五,促进欧盟成员国长期竞争力的增强,走内生复苏和增长之路,而非靠救助苟延残喘。德国积极倡议制定《竞争力公约》,以此为基础形成欧盟范围内的《欧元区附加公约》,着重强调增强经济竞争力和促进就业的重要性。同时,欧盟的"欧洲2020 战略"规定的智慧增长、可持续增长和包容性增长目标,可看作德国全面发展战略和理念的具体体现。

(2) 德国经济规模占欧盟的比重上升

危机中德国经济表现出色,德国经济规模在欧盟的权重一改危机前不断下降的趋势,从 2008 年开始逐步上升,2012 年达到 20.6% 并超过了 2005 年的水平。相比之下,另一个欧盟核心国家法国,自 2008 年起比重虽然有所上升但幅度较小,因此德法的差距从 2005 年的 4.6 个百分点扩大至 2012 年的 4.9 个百分点。

（3）增加对欧盟的财政缴费

危机期间，德国向欧盟财政缴费不断增长，从 2008 年的 188.8 亿欧元，占欧盟总缴费的 20.1％，增至 2012 年的 228.2 亿欧元，占 20.2％；而法国的缴费比重在四年后维持在占 17.5％不变。

（4）握有大量对欧债权

在对外债权方面，德国银行在危机中持有大量的欧洲国家债权。按照世界清算银行的数据，截至 2013 年 9 月底，德国银行系统对欧洲的风险敞口依然有 1.12 万亿美元，为另一个核心国家法国对欧债权的 1.5 倍。

（5）贸易地位的变化

在欧盟内部贸易中，危机前后的变化集中体现为：其一，德国在欧盟内部进口地位上升，对比危机前的 2008 年和近期的 2012 年，德国进口比重从 19.4％显著上升至 20.9％，说明德国作为进口国为拉动欧盟内部贸易需求，促进其他成员国的增长做出了贡献；其二，同期德国对欧盟成员国的出口下降了 0.8 个百分点，此消彼长，反映出德国在对欧盟内部贸易上起到了恢复平衡的积极作用。

凡此种种，使得危机后德国在欧盟经济治理和对外关系中的地位上升，以及在前述经济、社会规则制定和监督实施上德国意志的凸显；在外交上欧盟更多地顾及德国的态度和声音，如此次乌克兰危机等。

另一方面，德国必须也只能在欧盟的框架内发展，凌驾于欧盟之上至少在中短期内不可能。不仅因为在欧盟框架内的发展对德国意义重大，更重要的是权衡损益，德国无论从经济、政治还是社会诸方面均无法脱离欧洲一体化，至少客观上并不具备这种能力。此外，危机期间出现的一些新的临时性因素，也会明显影响德国模式在欧盟内部的影响力。如德国在危机期间过分强调财政紧缩，招致一些欧盟国家的民众对德国产生了一定的恶感，因为承担了大部分紧缩政策的痛苦而对德国"吝啬"的施援感到不满，继而出现了反德呼声。这种呼声将在一定程度上制约德国在欧盟内外发挥影响力和主导局势的能力。另外，随着危机的逐渐远去，外围国家对德国的救助依赖会有所减轻，自然会与在危机中表现不佳、渐失影响力的法国等一起，对德国主导的紧缩政策发起挑战。

显然，较之危机前，危机后德国在欧盟中的主导和发言权上升，但仍然在欧盟框架下维持与其他成员国的合作。法德轴心的作用可能会略有下降，英德关系略有上升。

总之，德国模式在欧债危机中促成了其经济社会表现在欧盟国家中的"一枝独秀"，使得德国在欧盟中的经济实力和话语权有所增强。同时，德国模式本身也遭遇了由此带来的一系列挑战。笔者认为，德国在长期发展中形成的德国模式的核心不会发生根本变化，以社会市场经济理论为基石的制度框架和理念深入人心，已成执政之本；同时，经济领域中重视制造业、依托出口的经济发展重心和坚持平衡财政和创新推动的增长方式不会改变；社会领域里通过社会伙伴平等对话、取得共识、维护和谐稳定的福利社会，仍将是德国社会发展的基础；而以欧洲一体化为德国行动的载体、在欧盟机制内行动的边界不会被突破。但是，随着欧债危机期间和其后外围条件的嬗变和内部的逐步应变，德国经济增长动力会出现一定程度的转变：转向追求以出口引领为主、兼顾内需、突出创新作用、平衡发展的综合增长路径；但囿于德国的比较优势，制造业和出口导向仍是主流；社会领域则会在尊重广大民意的基础上适度转向追求社会公正和增加工资福利，而这和前十年崇尚遏制福利过度扩张一样是民意的体现。以德国人的审慎和两党联合执政的形式，应该不会走得太远；鉴于德国在危机拯救中发挥的中流砥柱的作用和危机后经济的加速发展，加之法国等欧盟成员国地位衰落等态势，德国在欧洲经济一体化进程及在规则制定中的地位无疑会得到增强，但这种渐长的自信和主导欧盟的冲动，每每会受到与之相应增长的责任的拖累和众邻的惊恐导致的制约，不会急速膨胀。

2014 年 7 月 22 日《东方早报·上海经济评论》

德国中小企业的文化力量

朱　丹/上海理工大学外语学院教师

德国经济真正的支柱在于富有活力的中小企业。德国的中小企业指的是年营业额低于 5 000 万欧元,雇员人数少于 500 人的企业。有一组数据显示:中小企业已占德国企业总数的 99.7%,中小企业的产品要占到德国产品 70% 至 90% 的市场份额,德国对外贸易顺差的很大一部分是由它们创造的。它们创造了全部德国利税的 50%,雇用了全部职工的三分之二以上,培训了全部学员工的 82%,占整个 GDP 的 40%,即使在金融风波欧元动荡期间仍保持稳定发展,新建企业超过破产企业,中小企业对德国经济的贡献实在功不可没。例如《华尔街日报》就评论道:忘掉熟悉的大品牌,德国的经济是一群小企业支撑起来的。而这很大一部分要归因于德国社会的内在思想文化因素。

防止垄断、维护和平

德国中小企业发展战略的确定有着深刻的历史渊源。目前德国绝大多数中小企业,都是在战争的废墟上建立起来的。

二战后,德国政府和民众深刻反思国家几次成为战争策动国的根源。过度集中的垄断经济体制、在经济上存在的巨型资本集团,如一战前的容克垄断寡头、二战前军工集团克虏伯钢铁等,它们在推动和实施战争上起了很大的作用。战后美、英、法、苏等战胜国也着意接管和拆散德国的巨型企业。在此背景下，从国家政策上促进中小型企业的发展并限制大型垄断企业的发展，成为德国政府履行和平诺言的有力行动。也正因为中小企业的积极发展，有助于在德国形成庞大的中产阶层，他们发展成为现存社会秩序坚定的支持者，防止了极端势力的崛起，也从根本上保证了战后德国所实行的和平发展之路。

促进竞争

德国社会福利市场经济的核心即以竞争为基础的市场经济体系和以社会福利为中心的保障体系。因为只有众多的企业在公平的原则下进入市场才有可能形成公平竞争的局面，否则，少数大型企业的存在会造成垄断的市场结构，妨碍市场经济竞争机制的发挥，从而破坏市场运行秩序。

正是基于该思想理念，德国积极促进中小企业的发展，以便让市场上有足够数量的公司或企业，从而保证竞争的充分进行。这为个人积极性地发挥创造了强大的动力，使得德国产生了大量的私有中小企业和企业主。

道德观和价值观的指导

德国人的祖先大多以森林为家，在与大自然的斗争中，特别是与凶猛野兽进行搏斗中，日耳曼人练就了勇气、意志、毅力和智慧，特别是这种斗争需要的群体的统一性，即严格的组织性和纪律性。因此德国人面临的严酷的森林大自然的这种地理条件造就了他们的坚强意志、拼搏精神以及强烈的集体主义意识和团体精神。这从民族性格上表现为德国人具有良好的纪律性、服从性、对法制和规则的严格遵守、办事一丝不苟、锲而不舍。

正是他们所具有的这些品质,令中小企业家在质量、诚信、稀缺等非价格竞争力为主要竞争手段的特殊领域,利用德国在技术、研发、人才方面的优势,在国际范围内保持竞争力,并打造出了作为质量优良代名词的"made in German"品牌。比如德国黑森州的 Goebel 专业印刷公司,这是一家专注于邮票和纸钞印刷的专业印刷机制造公司,由于他们为国际国内市场提供了质量卓越的印刷机,因而在这一专业领域建立起绝对的优势。据统计,全球印钞机市场上,Goebel 公司的产品占据了 90% 以上的份额。欧洲国家国民钱包里的欧元纸钞很可能就是出自 Goebel 印刷机。同样名不见经传的 Konvekta 则是公共汽车专业空调领域的领跑者。它是一家典型的家族企业,专门为公共汽车生产配套空调设备。在过去的 40 年中,尽管国际市场经历了巨大的起伏,但这家公司始终能够通过不断创新,实现持续增长,从而在专业空调市场上保持领先。除此之外,还有专门生产汽车座椅的 Grammer 公司,取款机生产商 Wincor Nixdorf 都在各自领域有着出色的表现。

自由主义价值观的推动

德意志民族受启蒙文化的影响,信奉个人主义和自由主义的价值观,例如德国个人主义思想家洪堡认为,人得到最为多样性的发展具有绝对且本质的重要性。在人的发展中,人的主动性和创造性应当居于首要地位,相对于人的发展,国家只是推进这一发展的手段。

个人主义和自由主义思想极大地激发了个人的自主观念和创业热情。大批中小企业的建立正是在此思想上蓬勃发展,并使德国获得"创业之国"的美称。例如和来公司生产的口琴和手风琴,占世界市场份额的 85%;阿诺尔德和里希特公司生产的 35 毫米电影摄影机,占世界市场份额的 70%;梅尔克林公司生产的模型火车,占世界市场份额的 55%;而只有 10 名职工的卡尔·耶格尔公司，生产的香柱、香棒占世界市场份额的 70%。它们以灵活的经营策略和见缝插针的竞争力克服经济萧条的压力，这是有活力的中小企业的标志。有自信心的中小企业家的一句口号叫做"不是大的打败小的"，而是"快的打败慢的"。当别人在经济萧条中坐等良机时，中小企业已经作出了投资决策。据统计，德国每年建立的新企业大约有 45 万家，关闭大约 34 万家，有 11 万余家企业在竞争中巩固了自己的地位，其中大部分是中小企业。在更新换代的德国中小企业中，已经扎根的中小企业比以往更具有活力、更具专业意识，他们大多是该领域的行家里手，思想开放，视野开阔，肯动脑筋，较具现代技术和管理经验。他们比过去更积极参与国际市场活动，千方百计占取国际市场份额，因而极大地推动了德国的经济发展。

浮士德精神的作用

歌德在他的巨著《浮士德》中断言"有两个灵魂在我胸中，它们总想分道扬镳；一个怀着一种强烈的情欲，以它的卷须紧紧攀附着现世；另一个却拼命要脱离尘俗，高飞到崇高的先辈居地"。任凭魔鬼百般以恶诱恶，浮士德虽有暂时的踟蹰，但绝不栖息止步。正是由于这样一种精神，浮士德才能不断地突破自我，去追求爱、美、礼、实践。于是人们将这样一种对事物永不满足的精神视为浮士德精神。而这种追求完美，不断深入探求的浮士德精神亦在经济活动中特别是中小型企业中得到了体现。

这种"浮士德"精神，即不断追求完美的精神，给了德国人不断创新的精神动力，他们认为创造才是生命的源泉，只有不断深入探索、大胆勇敢的突破才能体现出自我个性。德国著名中小企业研究专家、柏林经济学院教授贝恩德·费诺尔称：德国中小企业之所以能取得成功，靠的是不懈追求改进产品质量和工艺流程，通过创新创造客户价值，它们是创新"发动机"。另外根据费诺尔的研究，德国优秀中小企业研发经费占销售额的比例是其他国家相应企业的两倍之多。

他山之石

德国并没有国际化的大都市,最大的城市柏林人口只有350万,而在30万平方公里的土地上,却有着数百座人口在几万、几十万的中小型城市,其他人口则生活在仅有数千人的小镇或农村地区。德国的中小城市发展模式,与其中小企业战略是相互对应的。一些人口只有数万人甚至几千人的小城镇,存在着几家在德国甚至世界上具有一定影响力的"隐形冠军",而这些企业数十年来发展都相当稳定,成为当地社会与经济发展的支柱,同时也创造了可观的就业岗位。此外大量中小企业在地理上均匀分布,使得德国各地区经济发展较为均衡,不同地区的贫富差距也很有限。

德国大力促进中小企业发展的战略,对中国如何解决数十亿人口的就业问题,走怎样的城市化道路及如何实现地区平衡发展,如何在全球市场建立中国企业特别是制造企业的核心竞争力等问题上,有着重要的借鉴价值。

垄断一直广受诟病但难以解决,因此德国积极的中小企业发展战略可为我们提供一个解决该问题的办法。我国的国有企业应尽快走出"风雨伞"的庇护,国家应从法律制度上确定企业之间公平竞争、反对限制竞争的原则,并通过各项具体的经济政策得到落实,有目的地促进扶持乡镇企业、民营企业等中小企业的发展,而民营和乡镇企业自身也需进一步增强自身的经济实力,从而增强与国有企业公平竞争的能力。当中小企业蓬勃发展后,我们也将看到,其庞大的就业人群形成稳固的中产阶层,他们将成为维持社会稳定、支撑社会秩序的有利支柱。

2012年5月22日《东方早报·上海经济评论》

德国创新集群策动及其对上海的启示

陈　强/同济大学国际文化交流学院院长
赵程程/同济大学经济与管理学院博士研究生

上海市"十二五"规划《纲要》提出，"创新驱动、转型发展"是上海在更高起点上推动科学发展的必由之路。从区域竞争的视角出发，德国近 20 年的产业集群创新转型之路，对上海产业转型，可以提供一些新思维、新启示。

根据迈克尔·波特（Michael Porter）提出的区域竞争力理论中产业集群及政府集群策动的概念，即同一地理区域内，相关联的产业群体定义为"集群"。后有学者将由政府颁布和实施一系列针对性的政策，吸引集群内的企业、科研机构等其他主体参与的活动过程，定义为"政府集群策动"。据统计，目前政府集群策动已经成为发达国家产业政策、区域政策、创新政策的核心部分。德国联邦政府于 1995 年第一次在全国范围内开展集群策动——推行 BioRegio（生物区）计划，全面地促进了德国生物技术产业化发展。这之后的十多年间，连续的集群策动在德国陆续进行，取得了有效成果。与欧洲其他发达国家相比，德国的集群策动更具有科学性、继承性和演变性。

德国集群策动的背景透析

北京大学的王缉慈教授曾提出，政府集群策动可以由国家中央政府发动的全国层面的政策规划实施，也可以是地方政府针对地域产业特点发动的地方层面的政策规划实施。从 1995 年至今，德国政府从国家层面连续发动了三次大的集群策动，即 BioRegio 计划、InnoRegio（创新地区）计划和 GA-networking（GA 网络）计划，每个计划都具有其时代特色。

1.《生物技术 2000 计划》孕育出的 BioRegio 计划

BioRegio 计划的制定和实施是为了振兴 20 世纪 80 年代德国生物技术产业。相对于其他西方发达国家，德国发展现代生物技术的历史并不长，但是德国对生物技术历来都比较重视。然而，20世纪 80 年代，德国在生物技术产业化方面已明显落后于英国和美国。据分析，主要原因有：德国社会各界对现代生物技术的潜在风险与安全保障存在巨大的疑虑，迫使政府制订了较严格的法律法规限制许多与生物技术相关的研究及商业化运作；德国的研究机构、大学和企业及政府部门之间彼此孤立、缺乏联系。尽管德国在生物技术方面具有一定优势，但各类集群主体相对孤立的现状使得德国生物技术产业化程度较低；风险资本未得到充分的发挥。生物技术产业的高风险性和商业银行投资的低风险性之间的矛盾，致使生物技术企业能在德国资本市场所获得的资金极其有限。资金的匮乏也制约着德国生物技术企业的发展。

针对上述问题，德国政府开始大力宣传生物技术，通过政府诸多的激励措施导向，德国生物技术得以高速发展，民众意识也有了转变。1990 年，德国联邦政府谱写了未来十年的生物产业规划——《生物技术 2000 计划》。1995 年启动的 BioRegio 计划是《生物技术 2000 计划》的具体实施方案，也是德国生物技术发展的关键计划。

2. 东、西地区发展失调下的 InnoRegio 计划

与振兴德国生物技术产业的 BioRegio 计划不同，InnoRegio 计划为了平衡德国东、西部地区的经济发展，力图通过创新提升东部地区企业的创新能力。德国统一后，东部地区得到政府的重点财政支持，经济水平得到全面提升。东部企业与西部相比，研发能力较弱、规模较少、无明显的竞争优势，再加上政府对东部的资助

逐年减少,制约着东部中小企业的发展。为了持续发展德国东部产业,激发东部企业的创新能动性,走上自我发展的道路,InnoRegio 计划应运而生。

3. 区域过度竞争下的 GA-networking 计划

BioRegio 计划促进了德国产业的集聚发展;InnoRegio 计划激发了德国东部企业的创新精神。然而,大量集群策动也带来了德国区域过度竞争和政府资源的浪费。在此背景下,GA-networking 计划在全国开展,旨在协调德国产业集群之间的竞争和合作,形成集群之间的合作网络,实现对集群的高效管理。

德国集群策动的演化路径

与欧洲其他国家不同,德国政府集群策动更具有科学性和战略性。德国集群策动的演化路径遵循了集群的一般客观发展规律,即从单个的集群内部主体间的合作到集群整体的创新,从单个的集群创新转型到集群之间的合作。首先,德国政府通过 BioRegio 计划及其后续的 BioProfile(生物态势)计划促进集群的产生和初步发展。尽管 BioRegio 计划是以发展生物技术产业为主,但后续的 BioProfile 计划传承了 BioRegio 计划的实施经验,带动了德国其他高科技产业的全面发展,促进产业的集聚。然而,德国产业的蓬勃发展也无法掩饰东部地区相对落后的经济。为了实现国家的整体经济发展,发展东部地区产业经济迫在眉睫。1999 年,德国政府以区域创新理论为指导,在东部地区实施了 InnoRegio 计划,通过创新网络激发中小企业的创新能动性,从而促进集群主体间的合作。作为 InnoRegio 计划的后续计划,创新区域增长极计划(Innovative Regional Growth Poles)将 InnoRegio 计划的经验传播到全国地区,以"自下而上"的方式带动了全国经济的全面发展。这段时间,德国传统产业集群成功转型成为创新集群,区域竞争力得到持续有效的发展。20 世纪末至 21 世纪初是德国集群策动蓬勃发展的时期。然而,大量集群策动也带来了德国区域间的过度竞争和政府资源的浪费。2005 年,政府发动的 GA-networking 计划在深化了集群策动的同时,重点对集群进行有效的管理,关注集群核心区域与集群外延区域的合作联盟,通过核心区域带动外延区域的发展,扩大集群影响范围。由于目标的不同,BioRegio 计划、InnoRegio 计划、GA-networking 计划的集群策动生命周期各具特色。

1. BioRegio 计划的生命周期及成效

1995 年德国联邦政府发动的 BioRegio 计划,是以提升生物技术企业研发能力、深化生物技术产业化发展,将德国生物技术产业发展成欧洲第一为目标。针对德国生物技术产业化程度较低、风险资本的匮乏等问题,BioRegio 计划以资金资助的方式,培养发展 4 个区域内的企业研发能力,促进生物技术产业化。与其他欧洲发达国家不同的是,BioRegio 计划的生命周期更富有科学性、独特性、协调性、继承性和演变性。

(1)制定的科学性

BioRegio 计划不是凭空想象的,它是以 20 世纪 80 年代经济合作与发展组织(OECD)发布的生物技术将会在未来经济中扮演极其重要角色的报告和区域经济学理论为基础,即知识密集型企业将在某个特定的地理位置集聚,此区域具有独特的劳动力、资本市场及相关配套的服务机构。

(2)实施方式的独特性

与传统的政府规划发展某个地区不同,德国联邦政府在 BioRegio 计划以竞争选拔的方式选择策动地区。德国联邦政府通过 9 条指标对参选的 17 个地区/地区联盟的策动方案进行评估。这 9 条指标强调区域内主体间的联系、区域竞争力以及策动方案的可行性。竞争出来的 4 个地区/地区联盟在生物技术、企业规模等都处于德国国内领先水平。通过竞争得到政府资助比直接获得政府资助,集群策动更能获得好的效果。

(3)联邦政府主导与区域经济自主发展的协调统一性

自上而下的政策实施与自下而上的区域发展具有一定的矛

盾。区域的发展离不开政府的政策支持，但是政府过度干预区域的发展，反而会带来适得其反的后果，重则制约区域经济。然而，在 BioRegio 计划实施中，政府自上而下的管理方式与区域自下而上的发展方式得到了统一。在整个作用期中，德国联邦政府只在前期对 17 个参选集群策动项目进行选择的时候进行干预，在后期仅是资助区域集群策动项目的实施。

（4）计划的继承性与演变性

2000 年，柏林、慕尼黑生物技术产业中心的建成也标志着 BioRegio 计划进入成熟期。同年，德国联邦政府也停止了对其的资金资助。然而，这并不意味着集群策动的完全结束。次年，德国联邦政府通过 BioProfile 计划，将在生物技术产业化的经验传承到全国其他高新技术产业化发展上。

（5）策动的成效

短短 5 年之间，BioRegio 计划打破了德国传统产业结构，构建出以研发为支柱的新型产业，从而促进生物技术产业等高科技产业集群的产生及发展。据相关部门统计，BioRegio 计划的实施带来了生物技术企业数量的激升，生命科学核心企业从 1995 年的 75 所上升到 1998 年的 222 所；同时，也丰富了生物技术的投资市场，风险资金从 1996 年的 7 500 万马克上升到 1998 年的 42 500 万马克，为德国高科技产业的未来发展创造了良好的软环境。

2. InnoRegio 计划的生命周期及成效

1999 年，德国联邦教育与研究部（BMBF）针对德国东部地区中小企业数量多、研发差、创新低等特点，制定实施了 BioRegio 计划。该计划试图通过构建中小企业创新网络，提升区域竞争力，培养德国东部地区中小企的创新能力，摆脱对德国联邦政府财政扶持的依赖。

InnoRegio 计划在形式上更多继承了 BioReio 计划。与 BioRegio 计划相同，InnoRegio 计划的制定也离不开学术理论的支持。它是建立在"创新网络是保持企业长期竞争优势的有效方法"、"采用构建创新网络促进集群发展，更重要的是要发挥集群内主体的能动性"、"创新集群主体显性知识与隐性知识转化路径"理论的基础上。在实施方式上,同样采用了区域项目选拔的方式,对 444 个参选地区及项目进行评估,最终选出 25 个具有创新网络萌芽地区(实际 23 个项目参与了策动)。在政府主导和区域经济自主发展方面,2005 年之前,InnoRegio 计划协作机构共资助 1.1 亿欧元(其中 5 000 万欧元属于私有投资),监管对各地区集群策动的实施,鼓励构建"产学研"一体化模式,形成创新网络。随着各地区集群策动逐步成熟,2005 年之后,德国经济研究所对集群策动的实施过程的经验进行总结,及时上报德国联邦教育与研究部。同年,德国联邦政府继承和延续了 InnoRegio 计划的经验,制定出创新区域增长极计划,积极鼓励德国东部更多的地区实施"自下而上"的策动。

截至 2002 年,InnoRegio 计划促使 23 个创新网络的形成,其中包括 4 个服务网络、6 个生产网络、4 个研究网络和 9 个非正式交流网络。王缉慈教授据研究发现,集群创新最大的动力来源,不是集群主体之间的正式交流,而是非正式交流。创新网络的形成带来了德国东部中小企业的迅猛发展。据相关部门统计,截至 2002 年,参与计划实施的 30% 的中小企业的经济效益高于同年全国企业平均水平;参与企业普遍认可集群创新网络更有利于提升研发能力,其中 20% 的企业通过创新网络获得高额效益。集群内部主体之间的信任度得到提升,更有利于集群内部的非正式交流,促进创新网络形成。然而,据相关专家深入研究发现,InnoRegio计划也存在不足,主要是在网络组织模式过于呆板,缺乏灵活性,不利于知识的溢出。

3. GA-networking 计划的生命周期及成效

GA-networking 计划的产生是基于前期 BioRegio 计划带来了德国产业集聚发展和 InnoRegio 计划激发了德国东部企业的创新精神。这期间,国家层面 4 个集群策动的启动和地区层面 30 多个策动项目的实施势必会带来资源分配的重复浪费。为了协调项目实施、合理分配资源、避免过度竞争和扩大集群影响力,2005 年区域合作经济结构联合促进工作组（GA）组织实施了 GA-networking 计划。

与前期 BioRegio 计划、InnoRegio 计划不同，GA-networking 计划是对集群的有效管理。区域合作经济结构联合促进工作组形成专门的集群管理机构，负责协调集群之间的合作与竞争，同时通过集群核心区域和外延区域的合作，试图带动集群周边经济的发展。目前，由于实施未完成，还未能对该策动进行效果评估。

对上海产业创新的新启示

上海的工业基础好，对外开放程度高，科技与人才资源富集，但其在产业转型升级过程中仍存在路径依赖、创新环境不完善、体制机制障碍等困难。通过以上对德国集群策动的考察，可以从中获得如下一些对上海具有借鉴意义的启示。

第一，上海市政府应发动具有连续性、演变性、战略性的集群策动。2009 年，上海市政府有关部门对上海各区县产业集群发展情况、潜在问题进行了深入调研，但未能从战略高度制定连续性、演变性、战略性的集群策动计划。集群策动的连续性、演变性、战略性是德国保持持续区域竞争力的根本原因。上海市政府有关部门应"目光长远"，以"十二五规划"为纲，针对目前及未来可能出现的区域经济问题，探索出一条连续性、演变性、战略性的集群策动演变路径。

第二，发动集群策动应"长短结合"。在制定中长期集群策动计划的同时，还要考虑集群策动的生命周期问题。笔者认为集群策动的生命周期不应过长，一般 5—6 年即可。首先，集群策动是引导性政策实施，周期不应过长。其次，过长的集群策动会导致资源的浪费。德国已完成的 BioRegio 计划与 InnoRegio 计划，实施 10 年，共资助 2 亿欧元。以实施时间较长的日本产业集群计划为例，仅仅在 2005 财政年度，就花费了 4.8 亿欧元。最后，国家过度的资助反而会导致企业创新动力下降。集群策动周期较长、资助增加反而会导致企业对政府财政资助具有很强的依赖性，创新动力下降。

第三，集群策动应突出重点，初期要通过项目竞争选择重点发展地区。因为，通过竞争得到政府资助比直接获得政府资助，集群策动更能获得好的效果。区域集群策动方案竞争的过程，也是集群内政府、企业等主体了解政府集群策动目的和方式的过程。此外，区域集群策动方案的竞争也具有一定的战略意义。集群策动具有风险性，集群策动的失败也有可能阻碍区域产业经济的发展。在竞争中获选的往往是竞争力水平较高的地区，其抗风险能力强，能够承受集群策动失败带来的负面影响。

第四，在集群策动作用期，上海市政府主导与各区自主发展要协调统一。国内许多学者一直以来强调政府要以"自下而上"的方式制定实施政策。笔者认为这有悖于政府管理的职能。将政府主导与区域自主发展相协调统一，是集群策动实施的首要问题。德国 BioRegio 计划与 InnoRegio 计划为我们提供了一种新的思维。策动作用期的前期，政府主导性强，上海市政府应按照策动原则，资助竞争得胜的各区集群策动项目；后期，各区政府自主性强，上海市政府仅仅资助的方式，辅助各区政府实施策动项。

第五，集群策动资金应多样化，应提升策动资金中的私有成分，不应过多依赖上海市政府资助。德国 BioRegio 计划、InnoRegio 计划和 GA-networking 计划中所资助的资金 30% 以上来自私有部门或个人。目前，上海市政府资助的项目，其资金大部分来自于政府。政府资金的大量投入长期下去势必影响集群内风险投资主体的投资主动性，导致企业更多依赖政府资金补贴，丧失竞争积极性，最终"拖垮"政府的财政。集群策动的资金要寻求一条可持续发展的道路，不能仅靠政府补贴，要开拓未挖掘的社会闲散资金。

第六，坚持走"产官学"一体化的道路，促进创新网络的形成。对"产官学"模式的研究和实践已经具有很长的历史了。从三重螺旋模型的提出到"产官学"的实践，无论是欧洲还是亚洲发达国家，绝大部分的集群策动实施过程是策动主体通过构建"产官学"一体化模式，形成创新网络，从而提升集群的创新能力。"产官学"一体化是上海市实现自主创新的必经之路。

第七，集群策动要充分调动行业协会的作用。作为政府、企业之间的"润滑剂"，行业协会在集群策动中发挥了巨大的促进作用。"后危机时代"下，为了促进上海中小企业自主创新，各级政府要调用行业协会的各种职能，促进企业之间的良性竞争与合作。然而，目前上海市各级行业协会的积极性并没有被调动起来，究其根本是早期产业发展更着重于产品制造，而非企业之间的合作与研发，这使得行业协会的沟通、协调和监督职能无法发挥。上海市政府在进行集群策动时，应重点调动上各级各个行业协会的积极性，在领头企业的号召和政府资助下，行业协会可以采取以下措施：组织论坛、研讨会、技术洽谈会等会议；参加产品展销会等活动；建设公共信息平台等方式，促进成员企业之间的信息共享以及与其他区域的相关产业集群的信息交流。

2012 年 5 月 22 日《东方早报·上海经济评论》

学习德国，改进中国大学助学贷款制度

冯　涛/上海政法学院经济管理学院副教授

陈　校/上海政法学院副教授、国际交流处副处长

德国是欧洲最强大的国家，经济总量在世界上仅次于美国、中国和日本，位居世界第四、欧洲第一，其制造业举世闻名。这些成就离不开德国高等教育体系的支持。

德国的高等教育体系以公立大学为主体，一直以高质量的大学普通教育、发达实用的职业教育和高度一体化的产学研联系著称，为德国的经济发展和社会进步提供着源源不断的人力资本支持。作为发达国家，德国社会经济政策的制定水平较高，其最新助学贷款政策的制度设计在很多方面都比较有特点，很值得研究，并结合中国的国情加以消化吸收。

一、背景和演变历程

当代发达国家高等教育的资金来源主要有两种类型：一种是以美国为代表的高学费模式，一种是以德国为代表的低学费（之前甚至是无学费）模式。

美国的理念认为大学生应该承担高等教育的成本，因此美国的大学中，私立大学基本不靠政府拨款，主要靠学费和校友捐赠，公立大学则既依赖政府拨款，也依赖学费，而且学费还不低，这就需要助学贷款，来推迟学生为高等教育的付费。以德国为代表的欧

洲国家高等教育的主体是公立大学，除此之外还有一定数量的私立大学，私立大学要收取学费，而公立大学则长期实行无学费政策，经费主要由政府拨款解决，因此学生基本上不需要依靠美国、日本、加拿大和澳大利亚等国早已实行的助学贷款来交学费。这种情况一直持续到 21 世纪初。但近年来，由于高等教育发展需要投入更多资金，另外，随着政府经济负担加重，欧洲国家开始反思其学费政策。诸多因素结合，推动了与学费相配套的助学贷款的形成和发展。

以德国为例，最早从 2007 年开始，德国的一些州尝试对公立大学收取学费，以部分弥补培养大学生的教育成本；作为收取学费政策的配套措施，德国的银行业开始较大规模地推行助学贷款业务。

实际上，德国较早前就已经有了针对大学生的助学贷款。根据 1969 年联邦德国联邦议会通过的《联邦培训资助法》，助学贷款主要用于为来自贫困家庭的学生提供生活费用。1971 年，联邦德国又通过了《联邦教育促进法》，其中规定，所有父母无力资助其完成学业的德国大学生都有资格申请助学金。助学金的一半是政府补贴，另一半就是助学贷款。

但这一时期的助学贷款都是为了解决生活费的问题，因为当时德国大学并不收取学费。参照国际惯例，本文将其界定为生活费助学贷款。

这种情形到 2007 年有了本质的改变。2005 年，德国联邦最高法院在审理六个州提起的有关公立大学学费的诉讼案时，废除了禁止收取学费的法律，为这些州收取公立大学学费扫除了法律上的障碍。从 2007 年夏季学期起，巴登-符腾堡州、巴伐利亚自由州、汉堡州、黑森州、下萨克森州、北莱茵-威斯特法伦州（简称"北威州"）和萨尔州开始向学生收取每学期 500 欧元的学费，每年约 1 000 欧元，这也仅占每年生均成本的七分之一。德国学者预测今后学费可能会上涨到每年 3 500 欧元。

为配合学费的收取，这七个州的银行开始向大学生发放助学贷款，主要是为了满足学费的需求。同样参照国际惯例，可将德国 2007 年之后实行的助学贷款称为学费助学贷款。本文以上述七个州为例，主要介绍的是德国近年来发展起来的最新学费助学贷款的内容。

二、德国学费助学贷款的制度设计特点

首先是不同的助学贷款制度设计（即助学贷款制度要素有不同组合，制度要素包括准入条件、利率、额度、经办银行等）并存。德国是联邦制国家，各州有较大自主权，因此各州的学费助学贷款制度设计各不相同，在经办银行、利率、贷款数额、还款减免等方面都各有区别。

其次是准入条件宽松，不需要担保。德国学费助学贷款的获得资格非常宽松，在上述七个州学习的所有学生都有资格获得贷款，仅对借款学生的年龄有所限制，比如下萨克森州将借款学生的年龄限定为35岁以下，北威州则限定为60岁以下。没有任何家庭经济条件的限制，同时，学费助学贷款和以前的生活费贷款一样，不需要父母担保或财产担保，这方便了借款学生顺利获得贷款。

第三，较低的利率和较长的还款期限。学费助学贷款借款期限为最多不得超过常规学制后两年，还款时有宽限期，为毕业后1.5年到2年。也就是说，若借款学生不能在常规学制内顺利毕业，还可最多延迟两年，并且在这段期间还是可以获得助学贷款的，以缓解其学业和经济的双重压力，待过了这段过渡时期，借款学生找到工作以后再进行还款。贷款利率各州有一定差异，就名义年利率而言，巴伐利亚自由州最低，为2.69%，黑森州最高，为6.16%，除黑森州外其他州都低于4%。还款期限一般在10年左右。在这种利率水平和还款期限条件下，每月还款金额一般在20—150欧元之间，还款负担比较合理。

第四，贷款数额充分满足需要。学费助学贷款的数额比较高，绝对能够满足借款学生需要，但也设定有最高限额，除汉堡是17 000欧元、北威州是10 000欧元以外，其余五个州都是15 000

欧元。相对应的学费方面，除了汉堡是每年 750 欧元以外，其他六个州都是每年 1 000 欧元。因此，在最高限额之下，贷款数额完全能够满足学费的需要。不过，如果一个学生既借了生活费助学贷款，也借了学费助学贷款，那么其所获贷款的最高限额是两种助学贷款的最高限额之和，即生活费助学贷款加学费助学贷款的总和不能超过这个最高限额。

第五，综合了按揭型贷款和收入比例型贷款。世界各国的助学贷款主要有两种类型，一种是传统的按揭型贷款，即借多少还多少，依确定的利率、数额和期限按期还款；另一种是借款数额和还款数额不同，还款时依据自己收入水平的一定比例还款，低于一定水平则不用还款，由政府代还，还款一定期限后，即使没有全部还清，也不再继续还款。德国的学费助学贷款综合了这两种类型助学贷款的好处，总体沿用了按揭型贷款的制度设计，但也采用了收入比例型贷款的还款减免设计，即按照利率、借款数额和期限来计算出每月还款额，学生毕业后经过一定的宽限期即依按揭型贷款的还款方式还款，但如果收入低于一定水平（一般是每月 1 060 欧元左右），就可以不再还款，等收入水平上涨以后再接着还款。这样的设计非常人性化，切实考虑了借款学生的实际情况，减轻了他们的还款负担。

第六，经办和回收机构主要是国有银行。德国七个发放学费助学贷款的州中，有四个州都由德国复兴信贷银行办理学费助学贷款。德国复兴信贷银行类似中国的政策性银行，最初是为二战后联邦德国的重建提供资金，现在其首要任务是为德国中小企业在国内外投资的项目提供优惠长期信贷，不以营利为目的。在巴登-符腾堡州，是由巴登-符腾堡农信银行办理该项贷款发放业务，该银行也是一个类似中国政策性银行的机构。

这样做的好处，首先是充分利用了私人部门的资金（因为国有银行的资金也是大部分来自于私人部门），减少了政府的财政压力；另外，助学贷款本身就是一种政策性贷款，是为了资助大学生顺利完成大学学业而设立的，由这样不以营利为目的的政策性银行来经办最合适；再就是，德国的政策性银行有长期面向中小企业办理贷款的经验,具备专业的银行业务能力,可以比较高效地办理这项业务。

三、德国与中国助学贷款制度设计之比较

由于中国的助学贷款实际上只是一个学费助学贷款,因此将德国公立大学学费助学贷款的制度设计和中国助学贷款的制度设计集中在"德国与中国助学贷款制度设计之比较"表(见表5)中,可以方便地比较出双方的不同,有助于提出对中国助学贷款制度进行改进的意见。

表5 德国与中国助学贷款制度设计之比较

国家	德 国	中 国	
		校园地助学贷款	生源地助学贷款
类型	混合型贷款	按揭型贷款	按揭型贷款
种类	两种(学费贷款和生活费贷款)	只有一种(学费贷款)	只有一种(学费贷款)
获得资格	所有学生(有年龄限制)	要求经济确实困难	要求经济确实困难
额度	10 000—17 000欧元	本科生每年 8 000 元,研究生每年 12 000 元	本科生每年 8 000 元,研究生每年 12 000 元
利率	低利率(<4%)	在校零利率,毕业后同商业利率	在校零利率,毕业后同商业利率
还款期限	毕业后 10 年	毕业后 6 年	毕业后 10 年
担保形式	无担保	无担保	父母担保
经办机构	国有银行(类似政策性银行)	商业银行	商业银行
回收机构	国有银行(类似政策性银行)	商业银行	商业银行
模式	以学生为主体	以经办机构为主体	

如表中对比显示，作为发达国家，德国公立大学助学贷款制度设计体现出的整体特点是：学生借款资格宽松，银行放贷金额足够，种类覆盖到学费和生活费，还款也比较宽松。这种助学贷款模式以学生为主体，主要考虑借款学生的利益，当然这需要强大的财力做后盾。中国的助学贷款设计则以经办机构为主体，即主要考虑商业银行的利益，学生借款资格较严，银行放贷金额较少，种类只覆盖到学费，还款也比较严格。

实际上，经过多年发展，凭借目前的财政实力，中国完全可将其大学助学贷款转变为以学生为主体的模式。这种模式有以下好处：可充分满足借款学生的需要，使他们没有后顾之忧，能更专心学习，顺利完成人力资本的形成和积累；只要制度设计合理，还可给经办机构（商业银行）带来稳定的贷款收益回报，并拓展商业银行的客户群体，开展衍生业务。虽然政府可能付出贴息和风险补贴，但这些资金可能撬动更高的投资回报，对全社会来说是极其有益的。因此，中国完全可以朝以学生为主体的模式，来改革目前的助学贷款制度设计。

四、改进中国助学贷款制度设计的意见

基于上述比较，我们提出对中国助学贷款制度设计的改进意见。

首先，助学贷款可根据各地情况灵活设计。我国的助学贷款主要包括校园地助学贷款和生源地助学贷款，但在贷款额度（近日刚调整为本科生每年 8 000 元，而从开始实行助学贷款的 1999 年到 2014 年一直是每年 6 000 元，全日制研究生每年 12 000 元）、利率（同商业贷款利率）等主要方面的制度设计都基本相同，只有还款期限和担保两个方面的区别，这不能很好地适应各地的不同情况。

中国是个比德国大得多的大国，各地情况千差万别，每年

8 000元的额度在西部地区可能足够，但在上海等东部地区，往往不能满足学费加住宿费的需要。另外，在东部地区，因借款学生毕业后工资较高，每月还款负担（基于商业贷款利率得出）可能比较轻，但在西部地区，由于工资水平较低，每月同样数量的还款负担就比较重了。中国应根据不同地区的经济情况、大学学费情况、毕业生收入情况设计适应本地条件的助学贷款，以切实满足不同地区借款学生的需要。

其次，应区分贷款种类和增加贷款数额。借款学生的资金需求主要包括学费和生活费两个方面，因此助学贷款满足的也主要是这两方面。与此同时，借款学生的经济情况不尽相同，有的借款学生家庭能资助一部分资金，有的家庭完全不能资助，所以不同的借款学生需要的资金是不同的，有的可能自己可以解决生活费，那么只需要学费贷款即可，有的学生则生活费和学费都要依靠助学贷款解决。基于这种现实情况，世界上有些国家的助学贷款就做了种类上的区分。

中国当前的贷款数额全国统一。十余年来，虽然大学学费表面没有变化，但实质上略有上涨，生活费则上涨非常多。据笔者在上海高校的调研，男同学每月生活费在600元到1 000元之间，这样一年生活费在6 000元到10 000元之间（以在校10个月计），如果贫困学生既有学费需求，又有生活费需求，现有助学贷款额度就远不能满足需要，基本只能用来缴纳学费加住宿费（虽然现有资助体系中有助学金，但每年只有2 000元到3 000元，平均到每月只有200元到300元，实际上远不能满足生活费的需要）。很多同学只好通过在校外打工来挣够生活费，这在很大程度上会影响到学习的状态，影响到学业成绩，进而影响到借款学生将来的就业和收入，其所借贷款也就无法顺利回收。这形成了恶性循环。

这种局面亟须改变。德国的学费助学贷款制度选择了充分保证额度的设计，并随着形势的发展，在前期生活费助学贷款的基础上，后来又推出了学费助学贷款，这样可以满足借款学生多方面的需要，并让他们能够集中精力到学业中；资金来源于私人部门，这使得助学贷款的供给比较充分;还款时则因还款期长而可降低每月的还款负担。这些设计都很值得中国借鉴。

第三,实行按揭型和收入比例型混合贷款。中国实行的按揭型贷款的好处是计算方便,学生在整个还款期内都基本按固定数额还款,缺点是不能充分照顾借款学生的实际情况,如果借款学生收入较低,则还款压力会非常大,甚至会出现无法还款、致助学贷款坏账的情况。而直接使用收入比例型方式还款对一个国家的税收体系、财产申报体系要求较高,发展中国家一般很难满足这种要求。德国采用的混合型贷款,其还款方式仍依按揭型贷款,只是当借款学生收入低于一定水平时,允许其不再依按揭型贷款计算出的固定还款额还款,而是依其收入的一定比例还款(这时还款数额低于按揭型贷款的固定还款额),这样可在借款学生收入处于一个较低水平时保证其还款负担合理,同时绝大部分借款学生的还款仍依按揭型贷款的固定数额还款。做到这一点并不需要一个全面、发达的税收体系和财产申报体系来支持。这样的混合型助学贷款,中国可考虑加以试行。

第四,扩大政策性银行办理的份额。中国当前的助学贷款大部分是由商业银行来办理,但在执行过程中暴露出很多问题,很多商业银行都不太愿意办理助学贷款,只是在当地政府的压力下才接下这块业务。近年来,我国的政策性银行国家开发银行开始从事助学贷款办理,取得了不错的效果。今后应尽量扩大政策性银行办理助学贷款的领域和份额,以切实减轻借款学生的还款负担,实现助学贷款制度的长效稳定运行。

2015 年 2 月 17 日《东方早报·上海经济评论》

德国社会市场经济的思想起源

冯兴元/中国社科院农村发展研究所研究员

　　德国社会市场经济之父们最初在推行社会市场经济时在较大程度上参照了欧肯有关竞争秩序的基本构想。联邦德国社会市场经济的发展和直至 20 世纪 60 年代的德国经济政策,没有秩序自由主义的影响是不能想象的。不过,在初期,社会市场经济的主要哲学基础除了弗莱堡学派的思想之外,还包括基督教社会伦理和社会主义。

　　根据米勒-阿尔玛克的说法,"社会市场经济的意义"在于"将市场自由同社会平衡相结合"。在当前德国社会市场经济的实际运作中,德国的竞争秩序与欧肯的程序取向的基本构想有着较多的偏差,其主要偏差在于增加了很多结果取向的成分。但是德国社会市场经济的竞争秩序构架仍然在较大程度上体现了欧肯有关竞争秩序的构想。

　　德国的《基本法》里甚至没有明确规定其经济体制将是"社会市场经济"。但是,整个基本法为依照社会市场经济设想实现这样一种经济宪法铺平了道路。只是 1990 年 5 月 18 日的两德统一文件《关于联邦共和国与德意志民主共和国建立货币、经济与社会联盟的条约(国家条约)》才明确规定提到在东德地区引入社会市场经济。并将社会市场经济视作为"东德地区进一步推行经济和社会发展、同时兼顾社会平衡、社会保障以及环境责任的基础"。

　　1949 年颁布的《德意志联邦共和国基本法》,并未对一定的经济制度做出规定,没有明确一定要推行一种"社会市场经济"。有

关基本法对经济制度的看法有两种:其一认为基本法在德国选择
经济制度问题上是保持中立的,其二认为基本法中的一些规定排
除了特定的经济制度。很明显,第二种看法比较合理。

基本法通过对一些基本原则的规定,框定了德国能够推行的
经济体制。基本法的一些原则性的规定其实既排除了集中管理经
济和也排除了纯粹自由放任的市场经济。许多条款实际上禁止了
推行两种经济体制。

比如,基本法规定了众多的个人自由权利,包括保障个性的自
由发展,保障个人的自由结社权,自由迁徙权,职业自由权和私有
权等等。纯粹的集中管理经济是与这些权利水火不容的。

基本法也排除了纯粹自由放任的市场经济制度。基本法规
定,德国是一个"社会的联邦制国家","社会的法治国家"。第 109
条第 2 款规定,国家预算必须考虑宏观经济平衡的要求。第 14 条
的第 2 款和第 3 款,强调财产所有者的社会义务。第 2 款规定:
"财产应履行义务。财产权的行使应有利于社会公共利益。"第 3
款则规定:"只有符合社会公共利益时,方可准许征收财产。对财
产的征收只能通过和根据有关财产补偿形式和程度的法律进行。
确定财产补偿时,应适当考虑社会公共利益和相关人员的利益。
对于补偿额有争议的,可向普通法院提起诉讼。"在第 15 条中甚至
规定,在一定的前提下,可以将私有财产收归社会所有:"土地、自
然资源和生产资料用于社会化的目的的,可以依据有关补偿方式
和补偿范围的法律转为公有财产或其他公有经济形态。补偿办法
参照上述第 14 条 3 款的规定。"不过这些貌似"雷人"的财产义务
规定,需要与第 14 条第 1 款的财产权和继承权规定对应起来分
析,才能把握基本法对私人财产权的保障程度。第 1 款规定:"保
障财产权和继承权。有关内容和权利限制由法律予以规定。"从总
体上,基本法保障个人的财产权,但要求其履行义务,承担责任。

因此,基本法所要求的是一种介于纯粹市场经济和纯粹集中
管理经济之间的经济制度。社会市场经济体现了这些规定,这说
明联邦德国的经济制度是同基本法一致的。

基本法所规定的所有的基本权利和基本的秩序原则,可以被看作是德意志联邦共和国经济和社会秩序的宪法基础。与此一致,德国的社会市场经济构想体现了四大基本原则,即竞争原则,社会原则,稳定经济的原则以及与市场一致的原则,它们与社会市场经济之父们参照了欧肯及其弗莱堡学派的竞争秩序思想有关:

一是竞争原则:把竞争作为社会市场经济体制的基础。竞争促进创新,创造财富,带来繁荣。为了减少对竞争的限制,国家必须创立和实施竞争的规则,对垄断、寡头和卡特尔进行监督和控制。这与欧肯强调竞争秩序总体上是相一致的。

二是社会原则:德国基本法强调德国属于"社会国家"。欧肯强调市场竞争本身就在实现着社会的功能。他认为,竞争秩序本身就能解决大一部分的社会不公平问题,因为大量生产要素的投入者通过市场及其竞争秩序获得回报。这种回报是符合人的尊严的,是"社会"的。又如米勒-阿尔马克认为,"面向消费者的需要,已经意味着市场经济在承担一种社会作用……在同一方向上,竞争体制保证和促进劳动生产率不断提高。"虽然有效的竞争政策可以避免市场权力引起的收入分配的紊乱,但是国家可以发挥提供辅助性支持的作用,在社会政策的范围内,通过社会救济、保险、津贴等形式进行再分配。

三是稳定经济的原则:有效的竞争政策被看作价格稳定的重要前提。欧肯的经济政策当中基本上没有扩张型财政政策的地位,而且他强调是货币秩序而不是货币政策。根据欧肯的观点,相对于财政政策,货币政策具有首要性,其着眼点在于币值稳定。货币的稳定有利于稳定投资者和消费者的预期,保证市场的有效运行能力,避免社会冲突。在国家预算收支大体平衡和货币政策适宜时,价格水平的稳定可以同较高的就业水平并存,主要应该依靠对应的货币政策措施来平息经济发展的波动。与此相应,在欧盟国家中,德国政府在坚持欧元的优先地位和财政纪律方面也属于表率。

四是与市场一致的原则:这一原则适用于一切国家措施。国家的措施要尽可能同市场一致，即与市场经济的框架条件和基本原则保持一致。应尽可能少地受到干扰市场过程，特别是价格的形成。

德国社会市场经济的建立和发展，不是单单受到某一种单一学说或者流派的影响的结果。凯恩斯主义学派后来也对社会市场经济发挥了影响。比如德国在 20 世纪 60 年代，人们普遍认为，政府还应维护经济稳定。德国在 1967 年经济衰退时期颁布了《促进稳定与增长法》(简称《稳定法》)。这一法律实际上试图用"开明的市场经济"来替代社会市场经济。它使得国家有义务推行凯恩斯主义的稳定政策，即著名的反周期的财政政策。《稳定法》第 1 条规定，"联邦、各州和社区在采取经济和财政措施时，要注意宏观经济平衡的要求。这些措施必须在市场经济体制的范围内，有利于保持适度的增长速度，实现价格水平的稳定、高就业与外贸平衡。"在 70 年代，宏观调控操作导致了国家债务的迅猛增加。就是在经济发展有利的时期，国家债务的这种增加也未能停止。反周期的财政政策最终不得不停止。宏观调控乃至全面调控的操作缺乏信息基础，很多决策基于经济学模型。这些模型一般搭建了很多变量之间的粗略联系，需要在很多进一步的假设基础上做出决策。但是这些模型结构与假设难以全面考虑各种政策的时滞，难以准确呈现总体经济的结构和发展。信息基础的缺乏说明了即便采取宏观调控手段，也要尽量采取比较保守的方案，而不是积极的国家干预政策。不过该项法律仍然存在。而且依此设立的经济鉴定专家委员会仍在继续发挥作用。如果按照欧肯对竞争秩序的设想，只要建立和维护一种"完全竞争"的经济秩序，扩张性财政政策或者货币政策都没有其运作必要性。

2014 年 7 月 21 日澎湃新闻网

德国经济战车的体制武器

冯兴元

  战后德国经济体制以社会市场经济而著称,德国实现"经济奇迹"与该体制密切相关。欧洲债务危机爆发以来,德国经济在欧洲几乎一枝独秀,更显社会市场经济的魅力。

  对于社会市场经济,赞誉者有之,诋毁者有之。比如,德国著名宪政经济学家和国民经济学家、瓦尔特-欧肯研究所原所长范伯格(Viktor Vanberg)教授就批评社会市场经济还不够理想,是结果取向的。他认为秩序自由主义传统中的弗莱堡学派(Freiburger Schule)才是程序取向的。

  也就是说,前者过多强调结果平等、再分配和福利,后者则严守规则和程序,以推行绩效竞争为目标取向,并辅之以适度的社会政策。也有学者认为现在德国的体制不是真正意义上的社会市场经济。比如著名的经济学家和经济史学家凡尔纳·阿贝尔斯豪塞(Werner Abelshauser)就认为,德国的经济体制属于一种"社团主义的市场经济"(korporative Marktwirtschaft)。

  但是,社会市场经济是市场经济,其基础是国家建立和维护了一种绩效竞争的秩序,它总体上遵循一整套核心原则,包括维护一个有运作能力的价格体系、币值稳定、私人产权、开放市场、契约自由、承担财产责任以及经济政策的前后一致性。

  人们对社会市场经济的理解从一开始并不了然。很多人把"自由市场"、"社会福利国家"与"社会市场经济"等概念相互混淆。社会市场经济究竟如何实际运作,也往往为人们所误解。

社会市场经济的基本原理就是把市场自由同社会平衡结合起来，通过市场对经济过程进行基本协调。一旦市场过程产生不合社会愿望或不合理的结果，国家就要进行纠正性干预。但是，这种干预不是积极干预，需要遵循与市场一致的原则。

德国的秩序自由主义提供了社会市场经济构想的理论基础。社会市场经济在实践中的代表同秩序自由主义的代表人物（如欧肯、伯姆、勒普克、罗斯托等），在对纳粹德国战时经济社会主义的国家调节的评价存有很大的差距。但是他们都认为古典的经济自由主义虽然认识到了竞争的效力，但是对企业集中的趋势和社会问题考虑得太少，国家必须有意识地创造经济运行的制度框架。

在联邦德国的不同历史阶段，社会市场经济的内涵也不一样。现在的学者往往把高税负高福利当作为德国社会市场经济的组成部分，但实际上在其社会市场经济的早期阶段，德国并非高税收高福利政策。联邦德国首任经济部长艾哈德写了一部书"Wohlstand für Alle"，即《大众的福祉》或者《共同富裕》，明确反对福利国家，主张通过竞争来实现繁荣。

随着时间的进展，社会市场经济的内涵是不断变化的。尤其是经过较长时间的人均 GDP 高速发展之后，其内涵发生了较大的变化。在政党竞争环境中，每个政党都倾向于向选民做出尽量多的承诺，但兑现承诺的成本往往需要通过税收或者负债加以弥补，最终酿成福利国家负担过重的问题。目前的德国社会市场经济仍处在不断调适当中，比如推行劳动力市场的灵活化，减少社会福利负担。

社会市场经济的设想在不同时期不是不变的。但是具体的变化很难确切说明。虽然大多数人都赞同社会市场经济，对它的解释和理解却并不完全。根据它的奠基人的说明，社会市场经济是一种经济社会的理想模式，因而社会市场经济的概念不能等同于联邦德国的具体经济秩序。联邦德国的经济制度更多的是一种把这一理想模式运用于实践的尝试。

吸收竞争秩序构想

根据欧肯的观点,若要遵循与市场一致的原则,过程政策即国家干预政策应遵循三条原则:

● 国家必须限制利益集团的权力;

● 所有的国家干预必须面向维护经济秩序,而不是面向市场过程;

● 经济与社会方面的干预政策必须是系统性的,而不能是特定性的或者选择性的。

德国社会市场经济之父们参照了欧肯有关竞争秩序的基本构想。在实际运作中,德国的竞争秩序与欧肯的程序取向的基本构想有着较多的偏差,增加了很多结果取向的成分。但是德国社会市场经济的竞争秩序构架仍然总体上体现了欧肯有关竞争秩序的构想。

欧肯的竞争秩序也称"Ordo",即"奥尔多秩序"。"Ordo"来自于中世纪基督教社会伦理的教义。"奥尔多秩序"是指一种"合乎人和事物的本质的秩序。它是一种其中存在着度和均衡的秩序",一种"本质秩序",或者"自然秩序"。对于欧肯,"奥尔多秩序"是一种竞争秩序,这种竞争秩序是一种"有运行能力的、合乎人的尊严的、持久的秩序"。根据范伯格的解释,欧肯所指的"奥尔多秩序"是指绩效竞争。只有绩效竞争才体现消费者主权原则,具有运作效率。

欧肯的经济政策理论首先着眼于区分经济秩序同经济过程之间的差别。所谓经济秩序是指经济活动在法律上和体制上的框架,而所谓经济过程则是指经济行为者的日常交易过程。在此基础上,欧肯区分"秩序政策"和"过程政策"。

所谓秩序政策,是指国家必须确定经济主体都必须遵守的法律和社会总体条件,以便使一个有运作能力和符合人类尊严的经济体制得到发展。国家必须为竞争秩序确定一个框架，并不断保护这个框架。在保证自由进入市场和防止垄断行为的条件下，市场过程的参与者可以自主作出决策。同时，市场则把各个市场参与者的计划协调成一个国民经济的整体过程。因此，秩序政策是所有那些为经济运行过程创造和保持长期有效的秩序框架、行为规则和权限的有关经济法律和措施手段的总和。

所谓过程政策，是指在既定的或者很少变化的秩序框架和国民经济结构下，所有那些针对经济运行过程本身所采取的、并能影响价格—数量关系变化的各种国家干预调节措施手段的总和。

在自由放任制度下，国家既不确立经济秩序，也不干预经济过程，而在中央计划经济中，国家则左右经济秩序和经济过程。根据欧肯的观点，竞争秩序不同于上述两种制度。政府避免直接干预市场过程，但它必须通过政治制度，确保竞争秩序的构成原则的实现。根据欧肯的竞争秩序的这些构成原则包括：

- 一个有运作能力的价格体系；
- 货币稳定；
- 开放的市场（进入和退出的自由）；
- 私人产权；
- 立约自由；
- 承担义务（即个人对其承诺和行动负责）；
- 经济政策前后一致。

这七项构成性原则都在德国早期的社会市场经济中得到了体现。其中第一项是其他六项原则的核心，这六项原则围绕着第一项原则，呈现出一种"众星拱月"的格局。

社会市场经济也强调政府推行欧肯所指的"过程政策"。过程政策包括货币政策、财政政策、收入政策等。在这两类政策领域，秩序政策的地位要高于过程政策。过程政策是为秩序政策服务的，要奉行与市场一致的原则（principle of market conformity）。过程政策是一种最低程度的政府干预，目的在于纠正竞争扭曲，重新为竞争打通道路。

欧肯认为,竞争秩序还需要包括一套调节原则。对于欧肯,这些调节原则是辅助性的。它们包括:

● 垄断控制:涉及为了使权力分散而反对垄断;

● 社会政策:涉及收入与财产的再分配;

● 过程稳定政策:它们旨在稳定经济过程;

● 针对不正常供给的政策:比如在萧条时期推行最低工资;

● 经济核算:指个人与社会成本的均等化,或者说社会成本的内部化。

上述各项构成原则和调节原则本身是一种运作良好和维护人的尊严的竞争秩序的必要条件。但只有将它们搭配使用、融为一体才形成一种竞争秩序的充分条件。

根据欧肯的观点,在政策设计上,除了要注意秩序政策相对于过程政策的优先性之外,还要考虑子秩序(suborder)之间的相互依赖性。这要求不仅产品市场和要素市场应受制于相似的竞争自由,而且社会政策、经济政策和法律政策之间也应相互兼容。举例而言,如果劳动力市场中的"子秩序"与产品市场中的"子秩序"不兼容,比如产品市场处于自由竞争状态,劳动力市场则受到高度管制,这就会引发代价高昂的矛盾,如出现扭曲的相对价格。这样,受高度管制的劳动力市场可能使得生产无利可图,从而导致就业机会的减少。

这些就是最初的社会市场经济的构想和一些理论基础。联邦德国社会市场经济的发展和直至 20 世纪 60 年代的德国经济政策,没有秩序自由主义的影响是不能想象的。

经济与货币领域的一些调节机制

在各个阶段,现实中的社会市场经济含有市场和计划的因素,进一步的调节机制在这两方面是分不开的。但其市场经济的框架是明确而稳固的。国家建立和维持一个竞争秩序,这个竞争秩序的构成性原则是确定且制度化的，属于社会市场经济的最重要支柱。

除了竞争秩序的构成原则之外，该秩序还需要依照一定的调节原则进行调节。在经济与货币领域，最重要的调节机制包括：反垄断体制，国家的宏观调控，以及中央银行体制等制度安排。

由于存在这些协调机制，如果不从把竞争秩序的构成性部分作为经济体制的支柱角度去看，联邦德国的经济制度在系统上是一个混合体制。但是，如果把竞争秩序作为支柱来看，那么它是一种市场经济。

1. 反垄断体制

垄断控制是社会市场经济中竞争秩序的首要调节原则之一。竞争制度是社会市场经济的核心。德国的秩序自由主义者看到德国二战前和战时卡特尔化比较严重，私人权力被滥用问题较大，因此，反卡特尔成为德国秩序自由主义者所关注的焦点之一。联邦德国保护竞争的法律主要是 1957 年颁布的《反限制竞争法》。20 世纪 50 年代，人们把完全竞争的理论设想看作竞争政策应实现的理想状况。在 20 世纪 60 年代，人们越来越对充分竞争的可行性持怀疑态度。"可行的竞争"成为指导竞争政策的理想模式。从这时起，多头竞争的市场被看作最佳的市场结构。这一发展是在应用理论模型过程中适应性调整的结果。

2. 宏观调控体制

在 20 世纪 60 年代，人们普遍认为，政府还应维护经济稳定。德国在 1967 年经济衰退时期颁布了《促进稳定与增长法》（简称《稳定法》）。这一法律使得国家有义务推行凯恩斯主义的稳定政策，即著名的反周期的财政政策。《稳定法》第一条规定，联邦、各州和社区在采取经济和财政措施时，要注意宏观经济平衡的要求。这些措施必须在市场经济体制的范围内，有利于保持适度的增长速度，实现价格水平的稳定、高就业与外贸平衡。

《稳定法》的逻辑是，经济稳定被视为平衡宏观经济发展的结果。具体而言，该项法律试图通过实现以下四大经济目标来实现经济稳定：价格水平稳定、充分就业、外贸平衡和持续适度的增长率。但是，这四大目标从未同时实现过。因而人们常把这四大目标称作"神秘的四角"，表示这四大目标之间关系的复杂性，难以同时实现。

在 20 世纪 70 年代，宏观调控操作导致了国家债务的迅猛增加。就是在经济发展有利的时期，国家债务的这种增加也未能停止。反周期的财政政策最终不得不停止。随着国家调控方案的停止，《稳定法》也失去了意义。在对现实经济问题的讨论中，它几乎不再起什么作用。不过该项法律迄今仍然存在，而且因此而设立的经济鉴定专家委员会也在继续发挥作用。

3. 中央银行体制

1999 年引入欧元之前，德国联邦银行是德国的中央银行，也是德国马克的发行银行。引入欧元以后，联邦银行是欧洲中央银行体系的组成部分，这样欧洲中央银行成为德国的中央银行，联邦银行成为其分支。无论是在引入欧元之前还是之后，中央银行根据法律必须维护其独立性，必须以维护币值和物价稳定为首任。正因如此，联邦银行和欧洲中央银行的货币秩序符合社会市场经济的要求，确保遵循欧肯所要求的货币政策的优先性。

1999 年以后，德国马克被欧元取代，欧洲中央银行成为包括德国在内的欧元区的中央银行。联邦银行成为欧洲中央银行的分行。欧洲中央银行法以欧洲法即一种国际法的形式保障维护欧洲中央银行、欧洲中央银行体系及其货币政策的独立性。根据法律，欧洲中央银行不接受任何欧盟机构和成员国政府的指示。欧洲中央银行的货币政策目标为单一目标，即维持欧元区内的物价稳定，所采用的物价稳定的数量指标是区内统一消费价格指数年增长率低于 2%。

欧盟的多项条约、公约及政策为维护欧元的币值稳定创造有利的条件。但是在具体实施过程中，已加入欧元区成员国放松了对申请新加入欧元区国家的纪律约束，没有严格要求后者在加入欧元区之前实行经济和法律趋同。此外，欧元区国家也没有严格履行《稳定与增长公约》，没有真正实施对各国财政政策及其财政赤字规模所做出限制性的制裁规定。这些做法最终酿成了始于2009 年的欧洲债务危机。目前欧洲债务危机还没有过去，欧元的未来还不确定，但这并不是说欧洲中央银行和欧元的制度安排以及相关制度安排有问题，而是恰恰说明了不真正实施这些制度安排的危险性。

劳动力与社会领域的一些调节机制

社会市场经济的具体劳动力与社会领域的调节性制度安排较多，其中最重要的包括劳资协定自治、雇员参与制、劳动力市场政策机制以及社会保险与救济机制。

1. 劳资协定自治

在德国劳动力市场上的工资形成中，市场力量和雇主或者雇主协会与工会之间的劳资协定自治制度两者均为影响因素。这种劳资协定自治不受政府干预的影响。

雇主或者雇主协会与工会被统称为劳资合同伙伴。在合同伙伴之间的劳资合同谈判中，必须就最低工资达成协议。实际支付的工资只能从最低工资向上偏离。劳资合同自主谈判的结果如果使得部分雇员工资提升的幅度超过了劳动生产率的提升幅度，那么在中期（尤其是在新的合同期满之后）会危及这部分雇员的失业。

劳资合同自治总体上存在以下功能：首先，一方面，面对强势的雇主，它对单个的雇员提供了保护，另一方面，面对强势的工会，它对单个的雇主也提供了保护（保护功能）；其次是它为合作伙伴双方带来了和平，在较长的合同期内避免职业生活受到劳资冲突的困扰（和平功能）。但是，劳资合同自治排除了劳动者之间环绕压低工资的竞争可能性。这种竞争本来会使得工资处于一个较低的水平，有利于维持更高水平的就业和更大的经济竞争力。劳资合同自治使得劳动力市场以及劳动力工资两者刚性化。部分劳动者的失业应该与此相关。

2. 雇员参与决定制

雇员参与决定权一般被理解为雇员参与企业事务和企业决策的权利。雇员参与决定制在德国比较广泛,是一项重要的经济制度。

比如,根据《企业组织法》的规定,在雇主解除各种合同之前,企业委员会要听取有关情况。否则解约没有法律效力。

又如,对于煤钢行业中超过 1 000 名职工的股份公司,法律规定了所谓"同等数量参与制",即持股人的代表与工人代表,按同等数量参加企业决策,由股份持有人和工人双方各 5 人和一位中立人士组成企业监事会。监事会的成员由全体大会选举产生,但是工方代表要出自工方的建议选出。监事会中的中立人士在表决票数相等时要保证不出现僵局。从理论角度看,这种决策方式似乎难以确保资方的利益,对于资方的潜在风险比较大。

再如,对于职工人数超过 2 000 人,有自己的法人资格,但不属于煤钢行业参与制范围内的企业,适用 1976 年颁布的《参与决定法》。该项法律比《煤钢行业参与法》更好地保护了资方的利益。按照《参与决定法》。有关企业的监事会成员的总数,由数量相等的劳资双方代表组成,监事会成员的总人数,由企业雇用的职工人数决定。工方代表经初选或复选选出。这样组成的监事会,以三分之二以上多数选举监事会主席和他的代表。如果两个候选人中的一个不能得到法定多数,资方监事会成员从己方选出监事会主席,工方代表从自己一方选出主席的代表。这种参与制与煤钢行业的参与制有重大差别:如果监事会内部表决票数相等,不是中立人士,而是监事会主席的第二次投票有决定性意义。所以在劳资双方有分歧时,总是资方的意见占上风。这种安排有着重大的意义,因为这样能够确保资方的根本利益不会被劳方"劫持",由此保障资方组织投资、生产和经营的正向激励。

总体上看,人们对雇员参与决定制度仍有较大的分歧。一种观点认为，雇员参与决定制度不利于企业的德国区位选择，限制了投资者的决策权，使得企业决策复杂化，降低企业的盈利。另一种观点认为，雇员参与决定加强了雇员对企业目标的认同，可以减少或化解劳资双方的利益对立。一些学者仍然坚决反对雇员参与决定制度，但其结果却总体上有利于德国的经济发展和社会和谐。

3. 劳动力市场政策机制

劳动力市场政策包括公共部门所有调节劳动力市场供求的政策措施。

目前德国劳动力市场促进政策措施的主要法律依据是社会法典第三卷。劳动力市场促进政策措施有助于减少劳动力市场的不完全性，但不适用于减少大量的失业。法律规定了一系列劳动力市场政策，其中既有针对现实问题的，也有预见性的：它们不仅要减少已经出现的失业，而且要尽可能地预先避免失业。

德国政府通过联邦劳动管理局依法推行大量的劳动力市场促进措施（积极的劳动力市场政策）。根据社会法典第三卷，联邦劳动管理局的劳动力市场促进政策的目的在于，阻止失业的产生，减少失业持续时间，并支持培训市场和劳动力市场上的供求平衡。

劳动力市场促进政策可以分为两类：一是劳动力市场政策措施旨在消除至少是减弱限制市场机制运行能力的劳动力市场的不完全性。为了提高劳动市场的透明度，联邦劳动管理局提供工作介绍和就业咨询。为了提高劳动者的职业和地区流动性，联邦劳动管理局可以用财政资金促进职业培训、进修、改行培训和资助企业接收工人。二是劳动力市场政策措施主要服务于维持和创造就业机会。

德国最近最为著名的劳动力市场促进政策为哈茨方案（Hartz-Konzept）。它是德国政府针对失业人口实施救济、培训和促进再就业出台的社会福利改革方案。哈茨方案的要旨在于提高劳动力市场政策的效率，并使得失业者自身为自己重新整合入社会做出贡献。哈茨方案总体上有利于德国劳动力市场的灵活化，从而有利于维持和扩大就业。

4. 社会保障

德国的社会保障由社会保险、社会救济和其他各种社会支付组成。联邦德国的社会保险系统已有近130年的历史。经过不断发展和多次改革，目前德国的社会保险系统对危及生活和生命的风险，如老年、伤残、疾病、失业和意外事故等，提供了多方面的保护。

对于社会保险的规模存在着不同的看法。一些人持反对看法，认为"福利国家"的规模过大，财政负担太重，并因之要求收缩社会保险的规模。另有一些人则认为较低收入阶层的生活还没有得到足够的保障，进而要求推行更大的社会平衡。

德国社会保险的基本原则是个人的风险由集体承担。这同个人承担自己风险的市场经济原则正好相反。大部分德国人都有义务进行社会保险。如果个人收入超过一定门槛，从而不在要求参加义务保险的范围，可以参加自愿的保险。社会保险的主管机构，是自治管理的公法法人，属于"准财政"机构，社会保险的费用，原则上来自投保人和其雇主交纳的数额相等的保险费。在达到一定的收入界限以前，保险费的数量要随收入提高而增加。独立业者必须自己负担保险费。

从逻辑上看，雇主雇用雇员，其所考虑雇员成本已经包括了工资成本和附加工资成本，其中附加工资成本包括了投保人和其雇主交纳的数额相等的社会保险费。雇员边际成本总体上应该不超过雇主从雇员投入工作当中所能获得的边际回报，否则雇主会在中长期通过增加资本来替代边际成本低于边际回报的那部分雇员。在短期，不排除即使在雇佣边际成本超出其边际回报情况下，雇主为了维持生产，从其利润当中转移一部分资金补贴雇员成本。在这种情况下，会表现为雇主边际利润的减少。

社会救济是社会保障体制的"最后"一项收容帮助措施。社会救济主要包括保证基本生活需要和维持基本生存需要的救济金、疾病和培训救济金等。没有资格在社会保险系统内得到扶助的所有生活困难者，有法定权利要求社会救济。至于这种社会救济是否保证了社会的和文化的最低生存需要，仍然存在激烈的争论。

对中国的意蕴

中国正在推行"社会主义市场经济"，这一概念比"社会市场经济"只增加了两个字。虽然两者之间存在一些相同之处，但是两者的内涵和性质差别巨大。两者均强调市场效率与社会平衡的统一，这是相同之处。

但是，"社会市场经济"与"社会主义市场经济"的差别之处更多，更为根本。德国总体上把私人产权作为一项最基本的经济制度，但是中国把公有制作为最基本的经济制度。德国维持着一个市场价格体系，包括在重要基础性行业。而中国的重要基础性行业采取政府行政垄断。私人产权和市场价格体系两者的存在与否基本上能够规定一国体制是否属于市场经济。如果两者同时得到维护，那么一国就是市场经济，如果没有得到维护，就不是市场经济。

很明显，中国在这方面还有较大的差距。从这种意义上看，有必要区分"实质的市场经济"和"名义的市场经济"。德国属于实质的市场经济，而中国的市场经济仍然是个目标：中国既不是实质的市场经济，也不是名义的市场经济。

欧肯所代表的弗莱堡学派思想和其他秩序自由主义思想对德国实现"经济奇迹"做出了重要贡献，但是在德国"经济奇迹"实现之后，也就是在 20 世纪 60 年代之后，已经日渐不为多数民众所知。这并不是说这些理论已经不重要，而是说明其核心思想，比如竞争秩序观，已经基本上成为德国社会市场经济体制根基的组成成分。

秩序自由主义的思想仍然是德国的"社会市场经济"的重要理论基础。此外，德国的各种新自由主义流派内部虽有不同的分支，但是其主要区别在于竞争秩序"调节原则"或"过程政策"的具体

"剂量"把握的不同,尤其是在社会政策问题上。

但是,市场经济的"构成原则"优先于"调节原则",秩序政策优先于过程政策,这已为这些流派所普遍接受。与此类似,在当前的德国,各大政党之间的经济政策建议也是大同小异,都类同于那些新自由主义流派的政策建议。主要差别在于社会政策上社会福利剂量上的差别。

德国秩序政策和过程政策的一些设计理念对于中国制订经济与社会政策有着重要的借鉴意义。比如弗赖堡学派强调经济与社会方面的干预政策应该是系统性的,而不是特定性的或者选择性的。对于中国来说,这意味着中国的民营企业早就该有与国有企业同等的"国民待遇"。德国把维护私人产权和竞争两者并重,是其经济活力和创新力的重要根基,如果要参照德国这方面的经验,那么就意味着中国国有企业需要民营化。

德国基本法规定了言论自由,德国民族总体上精于思辨,严肃对待正义问题,认真反思对错问题。德国对其社会福利网铺得太大、社会福利负担过重问题讨论较多,反思深刻。可以说,问题不在于不知道解决方法,而是在于知道了但难以去落实。尤其是在社会福利政策方面,社会福利网一旦铺开,就难以收缩,呈现一种只进不退或者易进难退的"棘轮效应"。

近年来,德国较为成功地推行了一个较以前更为灵活的劳动力市场体制,同时尽力抑制社会福利网的膨胀,由此总体上保持经济活力。中国也要注意社会福利网不要铺张过大。

战后德国在经济与社会政策上既有成功的一面,也有失败的一面。德国目前存在的许多经济与社会问题,一部分在中国业已存在,另一部分很可能中国今后要面对。中国的经济决策者可以从中吸取经验和教训:别人走过的弯路,我们不走;别人未走过的弯路,我们也不走;别人抄过的近路,我们照样走;别人未抄过的近路,我们要领头走。

2012 年 12 月 25 日《东方早报·上海经济评论》

德国社会市场经济66年
演进与竞争秩序的回归

胡　琨/中国社科院欧洲研究所助理研究员

欧债危机爆发以来,德国(作者注:本文讨论对象为联邦德国的社会市场经济体制,若无特殊说明,德国均指代联邦德国,也包括1945—1949年之间的西占区。)经济逆势增长,"一枝独秀";其优异表现令人刮目相看,因为该国数年前还苦苦地挣扎在经济衰退的边缘,并被冠之以"欧洲病夫"(The Sick Man of Europe)的称号。德国经济的兴衰轮回,并不是偶然所致,而是与其以"竞争秩序"为核心的社会市场经济(Soziale Marktwirtschaft)模式的实践有着千丝万缕的关联。何谓社会市场经济模式?为何此模式下德国二战后各个时期的经济政策却表现各异?这一模式与德国不同时期的经济政策关系是什么?理清这些问题,无疑有助于我们理解德国经济的现状与未来走向。

德国社会市场经济模式之确立

二战结束时的德国,满目疮痍、前途未卜,选择何种经济制度以尽快在废墟之上建立起一个自由、民主和繁荣的国家,成为德国民众迫切思考的问题。一方面,德国在两次大战之间施行的"市场经济"政策,留下更多的是恶性通胀、世界经济危机、大萧条等痛苦回忆,让德国民众难以对市场经济产生好感,认为它并"不社会"

（unsozial）；而另一方面，纳粹政权创造就业计划的成功和计划体制下苏联经济连续 20 年的突飞猛进，使得很大一部分习惯于配给制的德国民众相信，在当时情况下，只有施行"统制经济"，才能迅速克服贫困与短缺，实现经济复兴和公平分配。他们宁愿信任"富有远见"的经济官员，也不愿受市场那只"看不见的手"摆布。在此背景下，战后德国成为中央统制和计划经济思想的温床，社会民主党和各地基督教民主党或多或少地都受到这一时代精神的影响。然而，1947 年 3 月，随着杜鲁门主义出台、冷战爆发，美国开始按照西方模式重建德国。同年 5 月 29 日，双占区军事当局签署"关于重构双占区经济管理的协议"，设立"联合经济区（即双占区的别称）经济委员会"和管理委员会。尽管社民党优势明显，但在美国支持下，基民盟/基社盟（后文简称"联盟党"）在争夺管理委员会中专门负责经济政策事务的经济管理署主任一职中胜出〔作者注：首任主任为基社盟党人约翰斯·塞姆勒尔（Johannes Semler）〕，社民党为表示抗议，拒绝担任管理委员会中的任何领导职务，此举严重削弱了其对未来经济政策走向的影响力。1948 年 3 月 2 日，秉承自由市场理念的无党派人士路德维希·艾哈德被选为经济管理署主任，在"社会市场经济"口号下对当时施行的统制经济体制进行改革。随着改革效果的显现，社会市场经济理念为联盟党所拥护，并被写入 1949 年 7 月 15 日的"杜塞尔多夫指导原则"，成为其经济政策的准则。二战后联盟党的长期执政与经济繁荣，使社会市场经济理念在德国渐渐深入人心。1959 年 11 月 15 日，社民党也在"哥德斯堡纲领"中宣布接受这一理念，社会市场经济由此成为德国社会普遍认可的经济模式。

德国社会市场经济模式之内涵

"社会市场经济"一词最初见于阿尔弗雷德·米勒-阿尔玛克 1947 年出版的《经济统制与市场经济》一书，这一理念的思想基础是新自由主义。

1. 社会（学）新自由主义

新自由主义源于经济自由主义者对自由放任经济和国家干预主义所导致问题的反思，最早可追溯至19世纪下半叶关于社会政策的讨论（编注：相关讨论在20世纪20年代就已引起一些学者开始关注"新"、"旧"自由主义的区别，并从各个方面进行了分析和阐述，如海因里希·赫克纳尔和雷欧帕德·冯·韦泽等人）。1932年，亚历山大·吕斯托夫在德国"社会政策"年会上提出"自由干预主义"概念，被普遍视为新自由主义创立的标志（作者注：1938年，吕斯托夫在巴黎举行的"Colloque Walter Lippmann"上首次正式提出"新自由主义"这一概念，但从思想内核来说，在对古典自由主义扬弃基础之上，新自由主义理念早已在世界范围内生根发芽。最著名的三个重镇分别是：以凯南及其学生为中心的伦敦经济学院，围绕米塞斯以及稍后的哈耶克等人形成的奥地利学派和以奈特及其学生为首的芝加哥学派。新自由主义这一概念的内涵也呈多元化。1980年代，新自由主义更多地与哈耶克、弗里德曼等人的理念相联系，而自1990年代以来，新自由主义则逐渐更多地被理解为"市场原教旨主义"）。

吕斯托夫不赞同亚当·斯密式自由主义和自由放任经济，但是也反对无序和过多的国家干预，尤其是计划经济，而主张在强大国家的支持下建立和维护一种广泛的、兼顾市场经济和民主的社会秩序。受基督教社会教义的影响，"人"被置于这一自由秩序的中心，因此，不仅要通过经济政策落实"竞争原则"这一市场经济的基本协调机制，来实现经济增长、确保物质需求得到满足；还要实施被其称为"活力政策"的社会政策，以满足人类更重要的文化、教育、家庭、伦理和宗教等需求，使其享有充分自由，以合乎"人类尊严"的方式存在。因此，在这一秩序中，经济与社会目标并重：市场经济不会导致社会目标的必然实现，只是实现社会目标的工具；而社会目标虽是终极关怀，但却只有市场经济才可为其提供物质基础和制度保障。因此，全面的社会政策虽必不可少，但不应与市场经济有所冲突,而须遵循绩效原则和辅助性原则(作者注:即社会政策不应损害个体在自我负责的基础上参与市场竞争以改善自身处境的热情和积极性),使之"朝着市场规则方向前进","加快而不是阻碍市场自然进程"。类似的观点也出现在威廉·勒普克的相关表述中。因吕斯托夫和勒普克的社会秩序理论带有明显的马克斯·韦伯所开创的经济文化社会学的痕迹,故也被称为"社会(学)新自由主义"。

2. 弗莱堡学派

与吕斯托夫与勒普克从反思自由放任经济的出发点不同,以瓦尔特·欧肯、弗兰兹·伯姆及雷欧哈德·米克施为首的弗莱堡学派,更多的是在捍卫市场经济、对抗国家干预的基础上建构新自由主义理念[作者注:在吕斯托夫提出新自由主义观点的同一年(1932 年),欧肯也在其论文"国家结构转型和资本主义危机"中表达了新自由主义的理念]。出于对市场经济本身即可保障个人自由和提高经济效率的信念,弗莱堡学派对国家干预有着极强的警惕意识,认为国家干预经济过程会从根本上危及经济绩效和人类尊严;但同时,又认为没有规制的市场会危及市场本身,因此国家须建立一个"上帝所要的"、有运作能力的、合乎理性或人和事物自然本质的经济社会秩序,即所谓"经济的秩序"或"奥尔多秩序"[作者注:所谓"奥尔多"(Ordo),最早可追溯至苏格拉底形而上学的最高象征价值,而根据基督教教义则是符合理性或者自然法则的秩序,因此,欧肯称之为"自由的、自然的、上帝所愿"的秩序,是一种规范性的秩序],来保障市场经济的有效运行。而建立在绩效竞争与消费者主权基础之上的完全竞争可实现这一目标,就此而言,可确保市场完全竞争的"经济秩序"(作者注:与"经济的秩序"这一规范性秩序相对照,"经济秩序"指代一种现实存在的事实性秩序),即竞争秩序是"经济的秩序"。因此,弗莱堡学派在区分经济秩序和经济过程的基础上,主张国家应避免直接干预经济过程(过程政策),而须专注于落实竞争秩序这一经济秩序(秩序政策),以实现社会财富的增长和个人自由。弗莱堡学派同样关注社会问题,也不反对实施必要的社会政策,但认为社会问题更多的是竞争不完全(尤其是垄断)所致,只要确保竞争秩序,市场经济就可以使得社会问题迎刃而解。就此而言,秩序政策本身便被视为最好的社会政策,完全竞争的市场经济不是实现社会目标的工具,而是本身就具有社会性。

3. 实用主义取向的社会市场经济

虽然与弗莱堡学派相比,社会(学)新自由主义要求对经济过程进行必要的干预和实施更广泛的社会政策,但两者都主张国家负有优先创建与维护一个确保市场完全竞争的经济社会秩序即竞争秩序的责任,以实现个人自由与经济绩效,故被统称为"秩序自由主义"(作者注:也可表述为"奥多尔自由主义",狭义上的"秩序自由主义"专指"弗莱堡学派",但在广义上,吕斯托夫、勒普克、米勒-阿尔玛克与艾哈德等都可被划入"秩序自由主义"的范畴,为方便概念的厘清,文中如无特殊说明,是采用广义的概念)。然而,秩序自由主义者坚持市场经济的基本立场,要在中央统制与计划经济理念盛行、对市场经济充满疑虑的战后德国得到广泛认可与接受,无疑面临巨大挑战。

在此背景下,秉承社会(学)新自由主义理念的米勒-阿尔玛克创造性地提出"社会市场经济"概念,即"社会"的市场经济。米勒-阿尔玛克认为,就服务于共同利益、满足社会正义和个人自由的诉求来说,市场经济被证明是相当有用的工具,但出于社会(学)新自由主义立场,他不认同弗莱堡学派秩序政策可自动实现经济绩效与社会和谐的观点,而主张有必要通过一定的过程政策和社会政策来实现经济社会目标,即寻求建立一种市场经济为基础,兼顾个人自由、经济增长和社会安全的"共容性"社会秩序。同时,他也跳出了社会(学)新自由主义理想化理念的禁锢,主张经济社会秩序不是既定与一成不变的,而是应在坚持市场自由和社会平衡原则相结合的前提下,与不断变化的社会环境相适应。因此,米勒-阿尔玛克一方面借助引人"社会"这个定语和相应的过程政策与社会政策主张,来应对战后浓厚的社会主义观念的挑战;另一方面,面对战后物质严重短缺的状况,他克制甚至隐藏了自己要求实施广泛社会政策的诉求,而更专注于建立和维护竞争秩序,以满足迫在眉睫的经济增长需要。在这种实用主义取向的影响下,社会市场经济从一开始就是一个建立在市场经济基础之上,各种理念(包括社会(学)新自由主义、弗莱堡学派、社会主义、基督教社会教义和新教伦理等)"共容"、并不断演化、开放的经济制度。在这个框架下,不同立场持有者可各取所需,并从各自理念出发理解和塑造这一制度,特别是"社会"这一定语,可被多样、甚至完全对立地解读;就此而言,"社会"与"市场"这一看似矛盾的词语组合却相当符合当时的社会环境(作者注:当时几乎所有人都在谈论社会市场经济,但是对其都知之甚少。1953 年,阿伦斯巴赫研究所曾经做过一个问卷调查,56%的受访者仍不清楚何谓社会市场经济,而27%的人持完全错误的认识,只有 12%的人明确其内涵)。因此,这一概念被艾哈德借用后,很快被德国社会普遍接受;但同时,社会市场经济作为一种具体的经济社会模式,其实践也因此持续处于各种力量博弈的张力之中,从而会在不同历史时期呈现出不同、甚至背离其初始理念的表现形态(作者注:即使是米勒-阿尔玛克本人,虽然将竞争政策、价格政策、外贸政策、货币和信贷政策、景气政策以及社会政策等影响经济过程的政策罗列出来,除了强调这些措施须与市场相适应外,并没有对如何施行这些政策,以及这些政策之间的相关性进行过细致的论述。所以,从一开始,社会市场经济就不是一个严密和既定的方案)。然而,社会市场经济理念并没有偏离秩序自由主义的根本立场,其根本出发点仍是"只有一种市场竞争秩序才有可能提高人民福祉和导向社会公正"。因此,尽管与米勒-阿尔玛克把市场经济视为实现社会目标的工具不同,艾哈德在理念上更接近弗莱堡学派,认为"经济政策越卓有成效,社会政策救助就越没有必要","获取和确保各项福利最有效的手段就是竞争",即竞争秩序本身就具有社会性。但是他"通过竞争实现富裕"与"人人享有富裕"的秩序自由主义立场却是与米勒-阿尔玛克一致的。在他们看来,社会市场经济不是市场经济和中央统制经济之间的第三条道路(作者注:"第三条道路"的说法最早见于勒普克 1942 年所著《当前的社会危机》,但德国大部分新自由主义者都与米勒-阿尔玛克一样,否认自己的主张属于"第三条道路"范畴),也不是提供完全保障的福利国家,而是一种注重社会的特殊类型市场经济,是"根据市场经济规则运行,但辅以社会补充和保障……通过实施与市场规律相适应的社会政策,来有意识地将社会目标纳入"的经济制度。在这一制度中,借助竞争秩序实现的经济增长是社会福利的基础,增长政策优先于分配政策。

因此,在这一理念指导下,经济政策须遵循经济理性与社会关怀相结合的原则,面对不同社会环境的挑战,优先建立和维护市场完全竞争的经济秩序,辅之以必要的过程政策和社会政策,以提高经济绩效和实现个人自由;同时,任何过程政策与社会政策都应遵循绩效原则与辅助性原则,使之朝着适应、而不是破坏竞争秩序的方向推进。简而言之,是否坚持市场竞争秩序这一核心主张,是考察德国战后经济政策实践是否遵循社会市场经济理念的关键标准。

德国战后经济政策的变迁

1. 社会市场经济的实践:竞争秩序主导的经济政策(1948—1966 年)

建立和维护竞争秩序是社会市场经济理念落实的关键。要达成这一目标,国家须确保对所有市场参与者都适用的诸多市场经济立宪与规制原则能够实现,包括币值稳定、保障完全竞争、开放的市场、私有产权、立约自由、自我负责和承担义务、经济政策的连续性与稳定性。因此,在基本权利、立约与结社自由、自由择业、私有产权、法治国家和社会国家规则、联邦制国家结构等一系列与上述原则相关的条款写入《基本法》后,以确保竞争秩序为目的的经济政策的主要任务就是保障币值稳定和完全竞争,因为通货膨胀和各类因素(市场或国家)所导致的竞争限制是竞争秩序最严重的威胁。1948 年 3 月 1 日,德意志各州银行成立,履行双占区(作者注:英美双占区的各项法规政策等陆续覆盖法占区与西柏林)中央银行货币政策职能,双占区中央银行体系得以重建。在此基础上,在艾哈德参与下(作者注:货币改革的设想基于 1946 年的"Colm-Dodge-Goldsmith-Plan",而实施的具体措施则由 1947 年 7 月 23 日在联合经济区经济委员会下设立的货币与信贷特别委员会制定,而艾哈德在担任经济管理署主任之前,正是这一委员会的负责人),双占区军事当局颁布四部币值改革法及一系列配套细则,于 1948 年 6 月 20 日实施货币改革:一方面通过引入德国马克,回收多余的货币[作者注:第一、第三与第四币值改革法分别规定:德国马克引入后,帝国马克、地租马克及盟军军票废止,除了个人与机构的兑换配额,所有帝国马克存款在货币改革初期以 10∶1(后期降为 100∶6.5)的汇率兑换德国马克,根据国际清算银行的统计,帝国马克存量货币总体平均以 12.6∶1 的比例转换成德国马克];另一方面,对德意志各州银行货币发行设定严格程序与界限,以保障德国马克币值稳定(作者注:第二币值改革法,即《发行法》规定,货币流通总量不得超过 100 亿德国马克,只有在中央银行理事会四分之三成员及六个州中央银行的首肯下,才可最多增加 10 亿德国马克)。与此同时,艾哈德领导双占区经济管理署在"社会市场经济"口号下,推动统制经济向市场经济转变,陆续出台《货币改革后管制原则与价格政策法》等一系列法律及指令,实施终结商品配给制、取消工资与价格冻结、废除各项经营管制、反垄断、减税退税、紧缩财政、私有化、推行外贸自由化和稳定汇率等措施,以将行政命令对经济的直接干预减少至最低限度,促进从生产到消费各个环节的自由竞争。1957 年,《联邦银行法》与《反限制竞争法》出台,稳定币值与完全竞争被制度化,社会市场经济模式的核心——竞争秩序在联邦德国得以巩固。

《联邦银行法》赋予联邦银行保障货币的职责,在布雷顿森林体系的固定汇率制度下,这一职责包括稳定德国马克对外币值(汇率)和对内币值(价格)。在贸易自由化及重商主义政策的推动下,德国战后出口强劲，1951—1961 年持续出现高额贸易顺差，这导致从 20 世纪 50 年代中期开始，德国货币政策遭遇两难境地，即无法同时确保德国马克的内外币值稳定。对此，联邦银行与联邦政府将国内价格稳定视为优先目标，及时让德国马克汇率升值，同时借助于紧缩的货币与财政政策，使得德国马克对内币值基本保持稳定。与此同时，在米勒-阿尔玛克看来与经济政策同样重要的社会政策也被逐步推行，如向战争受害者提供救济，大力兴建住房，设定最低工作条件，重建养老、失业、工伤与医疗等各类社会保险，发放子女补贴金和社会救助等。作为一个具有实用主义倾向的"共容"与开放的经济制度，社会市场经济在实践过程中不可避免地须向现实环境作一定的妥协，例如《反限制竞争法》中大量的例外规定、相当广泛的传统社会保障体系、动态养老金改革和强大的工会力量等。但总体来说，在这一时期，德国物价稳定，竞争得到推动，过程政策与社会政策也基本遵循绩效原则与辅助性原则，竞争秩序达到发展巅峰，加上马歇尔计划、朝鲜战争、战后重建等各种有利因素，德国经济在 1948 年之后逐渐进入一个经济飞速增长时期（见图 6）。

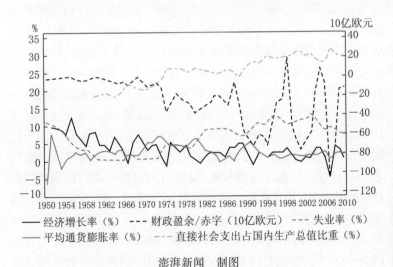

澎湃新闻　制图

图 6　战后联邦德国各项经济指标变化（1950—2012 年）

2. 社会市场经济的异化：全面调控主导的经济政策（1966—1982 年）

过程政策被米勒-阿尔玛克视为市场经济稳定运行的必要补充，但深受弗莱堡学派影响的艾哈德对此充满疑虑，长期的经济繁荣使他相信，在确保竞争秩序的基础上，只需采取货币、信贷及汇率政策等"轻度的景气政策"，就可不受经济周期困扰，实现经济持续增长和充分就业。然而，随着战后重建工作的结束以及对外经济关系的不断深入，经济波动开始加剧，艾哈德无法及时适应这种变化，其克制的过程政策最终无法阻挡德国经济于 1966—1967 年陷入衰退，失业率飙升（见图 1），他本人也因此下台，社民党得以上台执政（作者注：1966 年社民党与联盟党组成执政联盟，1969—1982 年作为最大执政党与自民党组成执政联盟）。新任经济部长、社民党的卡尔·席勒信奉民主社会主义与凯恩斯主义，在"总体调控"理念指导下，借助反周期财政政策和合作性经济政策使德国经济与就业形势迅速好转（作者注：席勒同样重视维护市场竞争秩序，其景气政策的出发点仍以不损害竞争秩序为准则，即"尽可能竞争，必要时计划"，社民党经济政策理念向市场经济的转型，其功不可没。1972 年，席勒因反对过度的景气政策而辞职）。这一成功对于社会市场经济的实践影响深远：一方面，使人们体认到国家在借助竞争秩序实现经济增长之外，也有必要通过一定的过程政策和社会政策，确保竞争秩序所处的经济大环境的稳定，以从根本上保障竞争秩序，在这一背景下，《促进经济稳定与增长法》于 1967 年出台，从此，在社会市场经济的框架内，稳定被赋予与增长同等重要的地位；另一方面，则加强了社民党政府调控经济的信心，而《促进经济稳定与增长法》又没有对过程政策的范围和强度作出明确规定，导致在扩张性财政政策支持下，过程政策逐渐被滥用，财政赤字激增，国家不断加强对经济活动的干预（作者注：如增加补贴、国有化、市场管制、解聘保护等措施），在政治精英与选民的诉求下社会福利持续扩张（见图 6），更广泛的集体责任如企业共同决策权被引入。这些变化使绩效原则和辅助性原则受到侵蚀,完全竞争日益无法得到保障。

此外,尽管价格稳定作为宏观经济目标被写入《促进经济稳定与增长法》,但 1970 年前后,美元危机不断加剧,德国马克不断受到国际投机资本的冲击,德国货币政策在固定汇率制度下进退失据。最终,德国外汇市场被迫于 1973 年 3 月 1 日关闭,布雷顿森林体系走向终结,联邦银行从此无须再承担汇率干预义务,而重新获得货币供应量的控制权[作者注:虽然欧洲货币联盟(体系)的干预义务始终存在,但是在很长时间内对于联邦银行自主性的危害远没有与美元挂钩那样大]。但是,重新获得货币政策自主权的联邦银行,在《联邦银行法》“有义务支持联邦政府一般经济政策”条款的约束下,货币政策受社民党政府景气政策的强烈影响而摇摆不定,加上不断扩张的财政政策、石油危机和不合时宜的工资增长政策等因素,通货膨胀率一路走高(见图 6)。在这一时期,价格稳定与完全竞争无法得到保障,以至于竞争秩序受到损害,受凯恩斯主义影响的社民党政府经济政策逐渐偏离社会市场经济理念,甚至这一理念本身也已被贴上了“过时”的标签,在石油危机和结构转型等因素的共同作用下,德国经济增长乏力、通胀高企、失业率不断攀升(见图 6)。

3. 社会市场经济的复兴:回归竞争秩序的经济政策(1982 年至今)

在上述形势下,赫尔穆特·科尔领导联盟党于 1982 年重新执政,面对经济全球化的挑战,为增强德国的竞争力,科尔宣布回归社会市场经济基本原则。科尔政府在“从更多国家到更多市场”的口号下重建竞争秩序,一方面赋予价格稳定以优先地位,另一方面通过削减财政赤字、减税和税制改革、缩减社会福利支出、推行私有化、减少市场管制和推动欧洲一体化等措施促进市场竞争。在这一系列政策影响下,德国经济在 20 世纪 80 年代重新焕发活力:物价稳定、出口与经济总量增长强劲、就业岗位大幅增加(见图 6),为两德统一打下了坚实的物质基础,社会市场经济本身也被作为共同的经济秩序写入 1990 年两德间签署的《国家条约》。

然而,作为一种"共容"的经济秩序,社会市场经济回归之路须考虑当时的社会环境,不可能一蹴而就。两德统一前后,僵化的工资政策、各类市场管制、入不敷出的社会保障体系、庞大的补贴仍阻碍着市场竞争与经济增长,亟待进一步改革。但两德统一暂时中断了这一进程。为在短期内重建东德经济社会秩序,国家进行了强有力的干预,大量的转移支付需求导致财政赤字与社会福利支出再次扩张(见图 6)。

随着东德制度建设渐入尾声,科尔政府于 1993 年再次启动 20 世纪 80 年代未竟的改革,以促进经济竞争。但是,社民党自 1991 年起就占据联邦参议院多数席位,使科尔政府政策活动空间受到极大的制约。同时,为应对人口结构老龄化,法定护理保险于 1995 年被引入,社会福利再次扩张。这些因素加上经济全球化挑战和两德统一产生的巨大负担(作者注:2005 年,曾任德国联邦银行行长的韦伯认为,德国经济疲软有三分之二应归因于统一的负担),使德国经济发展陷入停滞(见图 6),导致社民党于 1998 年再次上台。

社民党总理格哈尔德·施罗德抛弃了本党传统经济政策理念,提倡走介于新自由主义(作者注:此处的"新自由主义"更多指代以里根和撒切尔新自由主义经济政策为代表的所谓"市场原教旨主义")与传统社会民主主义之间的"新中间"路线,其"支持市场经济,但非市场社会"的信条本身就是社会市场经济理念的清晰表述,故其上台后总体上延续了科尔政府的改革思路。虽由于财政政策失败和改革迟滞等原因,施罗德执政后期德国经济再度低迷(见图 6),但他在极大阻力之下于 2003 年以"我们将削减国家职能"为号召推出德国战后力度最大的包括减税、削减补贴、劳动力市场灵活化和社会保障体系现代化等措施的改革方案——"2010 议程",在回归社会市场经济之路上迈出了决定性的一步。施罗德政府的改革,标志着德国两大主要政党的经济政策纲领大体上已无二致,故其改革措施多被随后执政的联盟党安格拉·默克尔政府所继承和发扬。2003 年以来,德国物价稳定,市场财政赤字与社会福利支出不断缩减，面对 2007 年以来的各类危机冲击，德国经济能迅速走出困境，科尔以来历任政府坚持回归以"竞争秩序"为核心的社会市场经济模式，功不可没。

结论与展望

在各种因素作用下，一种注重社会的特殊类型市场经济，即"根据市场经济规则运行，但辅以社会补充和保障……实施与市场规律相适应的社会政策，来有意识地将社会目标纳入"的经济制度——社会市场经济模式二战后在联邦德国确立。作为一种实用的经济政策理念，社会市场经济并不是既定和一成不变的，而须在经济理性与社会关怀相结合的原则下与不断变化的社会环境相适应，是一个各种社会目标"共容"、不断演化和开放的经济社会秩序。因此，这一模式的经济政策实践从一开始就处于各种力量博弈的极大张力之下，在不同历史时期会呈现出不同、甚至异化的表现形态。

尽管如此，经济政策不应偏离"只有一种市场竞争秩序才有可能提高人民福祉和导向社会公正"这一社会市场经济的核心主张，即国家应优先建立和维护市场完全竞争的经济秩序，辅之以必要的过程政策和社会政策，但任何过程政策与社会政策都应遵循绩效原则与辅助性原则，使之朝着适应、而不是破坏竞争秩序的方向推进。简而言之，在这一模式中，借助竞争秩序实现的经济增长是社会福利的基础，增长政策优先于分配政策。

在社会市场经济的诸多框架条件被写入《基本法》后，德国经济政策的主要任务便是确保价格稳定与完全竞争，以建立和维护竞争秩序。德国战后的经济政策实践表明，一方面，在借助竞争秩序实现经济增长之外，须通过必要的过程政策和社会政策确保竞争秩序所处的经济环境的稳定，以从根本上保障竞争秩序；但另一方面，过度的国家干预与社会保障违背绩效原则与辅助性原则，会损害竞争秩序和经济活力。因此,保障竞争秩序包括完善竞争秩序和确保其所处的经济环境稳定之双重含义,社会市场经济模式下的经济政策最终演变为围绕竞争秩序在"必要"与"过度"之间的权衡。20 世纪 70 年代,总体调控下过度的国家干预严重损害了德国的竞争秩序,德国经济陷入增长困境;为应对愈演愈烈的全球化挑战,20 世纪 80 年代以降,德国致力于减少国家对经济活动的干预与削减社会福利支出,回归竞争秩序为核心的社会市场经济,经济竞争力因此逐渐恢复,在欧债危机冲击下表现不俗。但是,如何确保这一回归本身不会"过度",导致必要的过程政策与社会政策缺失,从而影响竞争秩序所处经济环境的稳定,进而从根本上损害竞争秩序,却是德国新的大联盟政府今后须面对的问题。

2014 年 7 月 20 日澎湃新闻网

"欧洲门户"汉堡自由港之变

孟广文/天津师范大学城市与环境科学学院教授

中世纪以来,为了防御海盗袭击,保护海上贸易,沿波罗的海港口城市组成了"汉莎同盟"。由于自治的政治和经济地位以及有利的港口区位条件,汉堡经济实力雄厚,是"汉莎同盟"中最重要的成员之一。可以说,港口,特别是自由港是汉堡城市发展的根本动力。

从自由城到自由港

"考虑到汉堡的绅士'没有自由港和出口工业,汉堡将无法保持在世界贸易中的地位'的呼声,我不愿做有损于汉堡,这一德国最重要的贸易城市的事,因此,我同意批准他们认为非常必要的自由港。"这是第二帝国首相奥特·冯·俾斯麦将自由港这一特权授予"汉堡的绅士"时说的一番话。

1881年5月25日,第二帝国与汉堡市签署了关于"汉堡加入德国关税同盟"的协议。在该协议中,汉堡市申明愿将其港口一块特定区域以外的全部领地划入德国海关管辖范围。根据该协议,"这块港口的特殊区域将辟为永久性自由港,并归汉堡市所有。在该自由港范围内,过往船只及货物不受海关控制,仅仅接受海关监督"。该协议于1888年10月15日生效。这一天,意味着汉堡自由港的诞生。

最初，汉堡对转运货物只减收关税，后来，除个别商品外，从1727年开始实行全免关税。这意味着自由港的基本特征已经形成。但直到1874年，当所有关税都免除时，汉堡才真正名副其实地成为一个自由港城市。

自由港：汉堡的心脏

现在的汉堡港是由老自由港区和建于1910年的瓦尔特霍夫自由港组成，占地16平方公里，其中老区12.9平方公里，新区3.1平方公里。易北河将两者分隔，但考尔布兰德高架桥将两者连接在一起。自由港由包括各种货舱组成的"仓库城"、集装箱、货物装卸设施以及自由港工业和服务业组成。自由港的土地实际上归汉堡市所有，只是以长期租赁的方式租给各个适于自由港经营特点的私营企业使用。

那么，汉堡自由港究竟是一个怎么样的自由港呢？

1. 自由港的目标与功能

在自由港内，船只可以不受海关任何限制而自由移动。驶向外海或来自外海的船只可随时进出自由港，进入自由港的货物可以无限量、无限期地装卸、运输、交易、存储，加工、展示、过驳、转运、买卖与处理、销毁，并免征进口关税及免除海关手续。

货物在自由港存储期间，可通过净化、测试、修复、分解、组装、分类、再包装等方式得到保值或增殖。此外，海关法允许临时进口加工意味着非运入德国的货物可在自由港内进行商业性加工。汉堡自由港老区为各种公司提供这种简单加工的场所。

货物只有在离开自由港进入德国关境时才办理各种海关手续。

2. 为进口商提供存储设施

外国货物在自由港存放期间免征关税。国家各种贸易政策与措施对存储于自由港内的货物均不适用。

汉堡自由港内有众多码头、高效的装卸设备以及仓库、冷库、仓储罐、地下仓库等,总面积超过 400 万平方米。大仓库主要存放来自世界各地的大量高税货物,这些货物如若存放在自由港外,得付高额关税。这些货物包括咖啡、茶叶、可可、烟草、种子等传统货物,也包括地毯、石英水晶、电子设备、精密仪器和光学制品等商品。

3. 自由中转货物

汉堡自由港实行无限自由中转运输。在这里装卸和暂时存储货物无任何海关限制,货物可以从一个远洋货轮转运到另一艘远洋货轮,或内河货船,或陆运载体而不受限制。

4. 供货与交货

自由港提供的海关便利为交货和销货提供了有利的条件。货物在自由港无限期存放且自由出入的优势对国际贸易尤为重要。谁能够看准买方需求,迅速组织货源,快速交货,谁就能把握先机,占领市场。一旦买主要求供货,存放在自由港内的货物可迅速交货,而无须从货源地长途运输。汉堡自由港在国际贸易市场中最佳供货者的地位使其竞争力和影响力大大提高。

5. 加工业

在汉堡自由港从事加工业比德国和欧盟其他自由港及自由贸易区更为有利,因为这里的公司可以对商品进行商业性的加工,而无须证明其是否存在商业目的。对于经海运进口原料和半成品的企业来说,自由港是最佳区位。它靠近港口,可节省运费和关税,并享受贸易便利。

汉堡自由港的主要加工业包括造船业、炼油业、海运包装、集装箱修复以及与之相关的辅助性产业。如果在自由港内加工的产品内销,则按规定交纳进口税。

自由港还有针对国际贸易、港口运营及加工业的服务业,如装卸公司、银行、保险、货运代理、中介。

6. 自由港的税收

一般来说,自由港在纳税方面没有特殊性。和德国其他地区一样,也得交个人所得税,但在货物税方面有些区别,如没有营业税。此外,在自由港内禁止免税零售商品。

7. 有限监管

自由港内仍然有有限的监管,以防止走私和保障公众安全。这些监管主要体现在对某些特殊人员、货物、财产、建筑物等方面。例如,某些可能对公众安全,对人、畜及植物造成危害的货物就在被监管之列。

8. 海关申报与监管

自由港与关境内分界由德国海关负责,严格履行海关申报程序。

自由港内人员、货物流动通常不受限制。当人员离开自由港时,只要不携带物品,也基本不受限制。

汉堡自由港与关境接壤的 28 公里水陆边界共设有 39 个关卡,其中陆地上设有 16 个,水上设有 12 个,铁路设有 11 个。有几个关卡由专门人员和设备对某些特殊货物实施申报与检查。

汉堡海关前世今生

目前汉堡港大约 3 000 名海关工作人员中,有三分之一在自由港边境上工作。他们负责自由港内货物、车船和人员的出入往来。

1909 年自由港扩展到万德拉岛,1910 年又把西部瓦尔特霍夫并入自由港。为适应自由港面积的拓展,海关办事处也相应地得到增加。1896 年、1911 年建立了第六、第七和第八个海关办事处。1905 年建立汉堡大学海关学院。

为了控制走私,特别是白兰地走私,海关总署需要具有灵活的反应能力,因此,海关总署决定集中海关监管,具体措施就是建立海关检查总局以代替关境上的四个海关机构。这被认为是今天海关检查部门的前身。

在成立 31 年后,1919 年 9 月 30 日汉堡海关总署不复存在了,因魏玛共和国宪法规定设立海关行政部门,在中央政府财政管辖范围内取消关税,所以,1919 年 10 月 1 日成立了一个类似于汉堡海关总署的新机构,下易北地区获得了在汉堡地区的财政权。但中央政府对汉堡自由港的地位承认亦未有变化。帝国财政当局还完善了港口,特别是自由港的设施。1926 年易北自由港桥在港口南部建成开通,港口两端的船运成为可能。

在以后的年代里,自由港海关的发展与港口经济的发展并驾齐驱,但大萧条和两次世界大战的破坏使自由港货物量减少、业务停顿,致使很多具有现代化设备的关口关闭。

1949 年 9 月 9 日联邦德国成立,随后的"经济奇迹"使自由港恢复生机,新的海关机构被大量设立。1950 年通过收入管理法,实行联邦内统一海关管理,建立新的税制系统。

汉堡自由港海关在百年发展历程中积累了丰富的管理经验。海关工作的目标是阻止危险品如武器及奢侈品的走私,保障公众安全和国家经济利益。然而,20 世纪欧共体自由区法对汉堡自由港产生了深刻影响。

1957 年欧共体成立后,德国海关法逐步向欧共体海关法靠拢,改旧换新。在 20 世纪 60 年代和 70 年代联邦海关法成为自由区法律的基础,从而导致部分条款被禁止。例如,1961 年汉堡海关法通过的条款"使用和消费免税品和欧共体内所生产的物品"以及"货物可以无限期无限量的存放"等条款,但根据欧共体自由区法,该条款改为"限制"。尽管如此,这些变化对汉堡自由港的发展并无大碍,因为一些特权仍然被保留了下来。例如,汉堡自由港的制造权仍然被保留了下来。

1988 年自由区法被通过,规定自由区在欧共体外,且被特别指定。德国将限制厂商在自由港的制造权。在不公平竞争的情况下,欧共体有权废除这一特权。

根据欧共体对未来规则的建议,若货物发生原型变化,关税将适用于自由区法。惟一例外的是家庭消费品或特殊用途的货物。

另外,在没有有力证据情况下货物缺失将涉及关税。

终章

汉堡港向来有"欧洲门户"和"世界市场"的美誉。有通往世界的班轮航线 310 条,其中集装箱班轮航线超过 100 条,每月平均有570 艘班轮驶往世界 800 多港口。汉堡港的定期航班之多居世界各港之首,因此,6 000 多万吨吞吐量货物中,四分之一至五分之一属外贸中转。另外,为港口运营和国际贸易服务的金融、保险、船代、货代以及信息服务业发达。汉堡是德国保险业中心和第二大金融中心。汉堡和世界各地保持密切联系。90 多个国家在汉堡设有总领事馆、领事馆和商务办事处,几乎和纽约不相上下,这大大促进了海运和国际贸易的发展,目前有 3 000 多家外贸公司。此外,汉堡自由港是促进汉堡经济发展的引擎。自由港内有近千家企业,从业人员超过 4 万,其中港口员工近万人。每年通过装卸、存储、加工和相关服务创造了大量就业机会。

作为德国最大的自由港和货物集散中心,汉堡自由港证明了一个基本事实:没有任何一种海关体系能像自由港一样为贸易提供充分的自由和便利。然而,汉堡港未来的发展仍然面临着港口经济结构的转变和欧盟各国自由区和海关立法的一体化两方面的挑战。

尽管对外贸易货物装卸与存储仍是汉堡自由港的主要产业,但其他顾客急需的现代服务业也应得到相应发展,例如,包装服务业、信息业、通信业以及综合物流运输和物联网等未来将得到快速发展。

然而,汉堡的加工业发展面临着严峻挑战,区域内加工业萎缩,业务减少。由于德国加入欧盟,1994 年起汉堡自由港成为欧共体和欧盟的"关内",改称为"自由加工贸易区"。按照欧盟规定,此区域属于欧盟关境内享受特殊政策的区域,但不再视为第三国,并规定"自由加工贸易区"可以设在包括港口及其他任何区域。汉堡"自由加工贸易区"为海关监管区域，外国货物进区后 45 天内不征收关税，45 天后根据货物不同去向分别处理。如进入保税仓库、加工区，或进入关税区而享有不同的关税政策。

尽管汉堡自由港一直根据欧共体和欧盟的要求完善其法规，但今后继续努力保持欧洲贸易与物流中心的地位，保持经久不衰的吸引力、运营效益和竞争力仍是一个挑战。

根据欧盟法律，1994 年起，汉堡自由港成为自由贸易区。当前，自由贸易区的主要优势是具有非欧盟进口货物和进口储存货物不向海关申报和出示货物的自由。应税货物滞留自由贸易区期间免除关税和其他管制。然而，过去几年间，海关、港口和运营发生了一些变化：

（1）美国纽约"9·11"事件后，为反恐需要，对各种货物（包括转口货物）入区均要求申报。

（2）欧盟内部统一关税，关税大幅下降，由 1988 年 30％降为 2006 年的 3％，使关税减免作用降低。

（3）由于欧盟统一市场扩张到 25 个成员国，汉堡港的总货量中，非欧盟的货物下降了三分之一。因为未来还会有更多成员国加入欧盟，这种趋势还会继续发展。

（4）自贸区内的杂货 90％以上实现了集装箱化，因而，非欧盟货物在自贸区内码头和仓库储存需求大幅下降，这就造成"仓库城"的存在处于可有可无的尴尬处境，以至于 2003 年取消了其自贸区的地位，转而成为保税仓库。

2014 年 1 月 1 日，汉堡自由港关门了。镜鉴之一是，在欧洲自身贸易自由化程度已经非常高的前提下，依靠关税优惠吸引贸易的时代已经过去，物流和服务效率成为港口竞争力之关键。

2014 年 7 月 18 日澎湃新闻网

图书在版编目(CIP)数据

弯道超车:从德国工业 4.0 到中国制造 2025/(德)
贝格等著;《东方早报·上海经济评论》编辑部编.——
上海:上海人民出版社,2015
ISBN 978-7-208-13129-3

Ⅰ.①弯… Ⅱ.①贝…②东… Ⅲ.①制造工业-研
究 Ⅳ.①F407.4

中国版本图书馆 CIP 数据核字(2015)第 150382 号

责任编辑 罗 俊
封面设计 零创意文化

弯道超车:从德国工业 4.0 到中国制造 2025

[德]罗兰·贝格、王一鸣、郑新立、李稻葵、冯兴元 等著
《东方早报·上海经济评论》编辑部 编
世 纪 出 版 集 团
上海人民出版社出版

(200001 上海福建中路 193 号 www.ewen.co)

世纪出版集团发行中心发行 常熟市新骅印刷有限公司印刷
开本 890×1240 1/32 印张 4.75 插页 4 字数 126,000
2015 年 8 月第 1 版 2016 年 10 月第 4 次印刷
ISBN 978-7-208-13129-3/F·2309
定价 35.00 元